Regulação das *Big Techs*

Regulação das *Big Techs*

2023

Roberta Battisti

ALMEDINA

REGULAÇÃO DAS *BIG TECHS*

AUTOR: Roberta Battisti

DIRETOR ALMEDINA BRASIL: Rodrigo Mentz
EDITORA JURÍDICA: Manuella Santos de Castro
EDITOR DE DESENVOLVIMENTO: Aurélio Cesar Nogueira
ASSISTENTES EDITORIAIS: Larissa Nogueira e Rafael Fulanetti
ESTAGIÁRIA DE PRODUÇÃO: Laura Roberti

DIAGRAMAÇÃO: Almedina
DESIGN DE CAPA: FBA

ISBN: 9786556277486
Janeiro, 2023

Dados Internacionais de Catalogação na Publicação (CIP)
(Câmara Brasileira do Livro, SP, Brasil)

Battisti, Roberta
Regulação das Big Techs / Roberta Battisti. –
São Paulo, SP : Almedina, 2023.

Bibliografia.
ISBN 978-65-5627-748-6

1. Direito 2. Direito e tecnologia 3. Globalização
4. Inovações tecnológicas digitais 5. Mercado digital
6. Plataforma digital I. Título.

22-134191 CDU-34:6

Índices para catálogo sistemático:
1. Direito e tecnologia 34:6
Eliete Marques da Silva - Bibliotecária - CRB-8/9380

Este livro segue as regras do novo Acordo Ortográfico da Língua Portuguesa (1990).

EDITORA: Almedina Brasil
Rua José Maria Lisboa, 860, Conj.131 e 132, Jardim Paulista | 01423-001 São Paulo | Brasil
www.almedina.com.br

PREFÁCIO

Quando fui surpreendido com o convite generoso da Autora para prefaciar esta obra fiquei extremamente orgulhoso e feliz com a oportunidade, não apenas por poder ter a leitura antecipada desta rica pesquisa, mas também pela confiança acadêmica em mim depositada.

Confesso que este desafiador conjunto amplia ainda mais a responsabilidade que sinto ao escrever este prefácio, mas que o enfrento com toda dedicação e transparência tanto acadêmica quanto afetiva.

Primeiro, em nome dessa transparência, me sinto na obrigação de escrever sobre a curiosidade que a vida me proporcionou ao conhecer e poder trabalhar com a Autora.

Conheci a Roberta Battisti na bela Universidade de Passo Fundo no Rio Grande do Sul ocasião em que ela estava concluindo seu bacharelado em Direito. Naquele dia pude compartilhar com os alunos daquela instituição algumas reflexões sobre tecnologia e direito, e dentre tantas perguntas e comentários interessantes dos alunos presentes, as reflexões da Autora já indicavam sua vocação à pesquisa e docência.

A partir daí, o destino me presenteou com a oportunidade de trabalhar com a autora no Instituto Liberdade Digital, um centro de pesquisa sobre tecnologia e democracia que tanto tem me orgulhado. Em seguida, iniciei minhas atividades como professor permanente no programa de Pós-graduação *Stricto Sensu* em Direito Político e Econômico da Universidade Presbiteriana Mackenzie onde a Autora já havia iniciado seu mestrado, e aqui, novamente quis o destino, que trabalhássemos juntos em uma nova frente, transformando a presente Autora em minha primeira orientanda neste programa.

Esta obra é um dos belos frutos que nos brindou a pesquisa de mestrado realizada pela Autora, que ao investigar cientificamente a relação das grandes plataformas digitais contemporâneas, as chamadas *Big Techs*, diante de uma pretensa e ambiciosa regulação brasileira que ainda se incipiente, porém extremamente controversa.

Se quisermos definir em uma palavra o eixo central da presente obra me arrisco em afirmar que esta palavra seria: PODER.

A Autora parte do múltiplo conceito de Poder enfrentando suas faces diante do poder econômico, mercadológico, comunicacional, estatal e regulatório.

Em um arranjo inovador e extremamente interessante, ela organiza esta obra em quatro capítulos partindo da construção do poder estatal diante da globalização e da evolução do mercado digital. Me parece que neste capítulo a Autora nos prepara para um terreno complexo e pouco explorado cientificamente no Brasil chegando ao segundo capítulo da obra enfrentando o desafio definir o que é uma *Big Tech* e descrevendo e problematizando o incrível mercado que as envolvem.

No terceiro capítulo conecta os poderes inerentes às *Big Techs* com os poderes estatais diante do desafio de elencar e refletir sobre os pontos de contato entre esses poderes sem se descolar do gigantismo comunicacional que envolve o tema, finalizando esta estrutura com o seu quarto e último capítulo que traz um profundo estudo de caso empírico acerca do exemplo que considero, até este momento, o mais ilustrativo da problemática que envolve essa inter-relação de poderes: o projeto de lei (PL) 2630 que pretende tratar da liberdade, responsabilidade e transparência na internet e que tem sido apelidado, na minha opinião erroneamente, de PL das fake news. Acredito que este projeto de lei se inicia com o propósito de enfrentar o tema da desinformação online, mas diante de suas inúmeras transformações, me parece que se distanciou significativamente deste propósito inicial e, portanto, deveria também se distinguir substancialmente deste apelido, pois como se verá na presente obra suas disposições pretendem regular as *Big Techs* e pouco ou nada contribuem para o enfrentamento do enorme desafio que as *fakes news* impõem ao país.

Mas esta é só a opinião de um dos leitores que aprendeu muito com esta magnífica obra, que com criteriosa imparcialidade científica não apenas narra os fatos que envolvem o tema, mas também nos presenteia, generosamente, com diversos dados, gráficos e tabelas que permitirão novos estudos e, consequentemente, novas conclusões acerca deste relevante tema.

Em suma, esta obra que se apresenta por uma redação fluida e por isso permite uma leitura prazerosa sobre um dos temas mais árduos e complexos da atualidade, contribuirá significativamente para a evolução científica deste desafio instigando os leitores a criarem profundas reflexões.

Fica aqui o meu convite para que os leitores se entreguem a esta obra e aprendam com ela tanto, ou ainda mais, do que tive a oportunidade de aprender.

Diogo Rais

É advogado e Cofundador do Instituto Liberdade Digital. Colunista exclusivo na área eleitoral para o jornal Valor Econômico durante as eleições de 2016 e de 2020. Professor de Direito Eleitoral e Direito Digital da graduação, mestrado e doutorado da Universidade Presbiteriana Mackenzie. Membro da Academia Brasileira de Direito Eleitoral e Político – ABRADEP. Coordenador dos livros Direito Público Digital; Fake News: a conexão entre a desinformação e o Direito; e Direito Eleitoral Digital, todos da editora Revista dos Tribunais. Foi um dos especialistas convidados pela relatoria especial de liberdade de expressão da OEA para colaborar com o guia de combate a desinformação. Pesquisa o tema da tecnologia e eleições desde 2010.

LISTA DE FIGURAS

LISTA DE TABELAS

LISTA DE QUADROS

SUMÁRIO

INTRODUÇÃO

Deixe-me perguntar, quantas vezes você já olhou seu celular hoje? Qual foi a última vez que você realmente ficou desconectado do mundo on-line? Pare um minuto e avalie como a internet transformou sua vida. Vivemos e nos relacionamos com a tecnologia de forma cada vez mais integrada, como se não pudéssemos mais nos dissociar dela. Segundo estimativas, 90% das pessoas mantêm o celular a menos de um metro do corpo no período de 24 horas (Sussiskin, 2020). Para além disso, estimasse que aproximadamente 152 milhões de brasileiros eram usuários da internet em 2021, o que representa 81% da população com dez anos ou mais (Pesquisa..., 2021). No mundo, 4,95 bilhões de pessoas usaram a internet em janeiro de 2022, o que representa um aumento de 192 milhões em comparação com o ano de 2021. (We Are Social; Hootsuite, 2022).

Sim, vivemos conectados, e isso não é novidade, seguimos sempre ligados às notificações, mensagens, e-mails, compras on-line e interações através das telas, as quais, por sinal, cada vez mais diminuem de tamanho e se tornam mais compactas para a nossas necessidades. Inclusive são as telas mais compactas que aproximam nos aproximam da tecnologia, afinal, quase todas as nossas demandas podem ser resolvidas na palma de nossas mãos; tanto é, que, dentre os dispositivos mais utilizados para acessar a internet, o celular representa 99% da escolha dos brasileiros (Pesquisa..., 2021). Nossos álbuns de fotos não são mais impressos, não precisamos mais ir a mercados, farmácias, lojas e cinemas, basta acessar nosso celular e, com poucos cliques, resolver grande parte de nossas demandas.

Nesse mesmo contexto social, a comunicação também parece estar cada vez mais acelerada, nos exigindo respostas e soluções instantâneas.

A inteligência coletiva[1] preconizada nos anos 1990 por Lévy, sociólogo e filósofo que estuda ciência da informação e comunicação, continua latente; os nossos conhecimentos individuais são compartilhados livremente, sem barreiras (Lévy, 1999). A difusão de informações que antes era centrada nas mãos de poucos veículos de comunicação perdeu espaço para as mídias sociais, e hoje em dia todos são produtores de informação. O número de usuários de mídias sociais aumentou mais de 10,1% nos últimos 12 meses, segundo o relatório Digital 2022: *Global overview report*, em média mais de 1 milhão de usuários ingressaram em redes sociais todos os dias, o que representa cerca de 13½ novos usuários a cada segundo (We Are Social; Hootsuite, 2022)..

Quando McLuhan propôs a ideia de uma "aldeia global", espaço em que o mundo se conecta através de circuitos elétricos propagados pelos meios de comunicação, ele se referia aos sistemas de comunicação em massa (telefone, rádio, televisão). Ao auxiliar na compreensão de que os meios de comunicação são ferramentas de compartilhamento de informação e conhecimento da época, o autor aponta que o meio é a mensagem, pois é o meio que configura e controla a proporção e a forma das ações e associações humanas. Assim:

> As transformações tecnológicas recriam nossas noções de território e habitat, que são a base da arquitetura; e McLuhan, vivendo num universo polissensorial de circuitos elétricos, propunha que vivíamos num mundo onde as mudanças territoriais seriam cruciais, a ponto de todas as transformações recentes – como a consolidação dos nacionalismos do século XIX – serem implodidas. Acreditava-se que, se a palavra impressa possibilitou a explosão de nossa consciência, exemplificando com a consolidação dos Estados nacionais, a era elétrica, notadamente da televisão, implodiria a nossa civilização, transformando-a numa "aldeia global", onde todas as ações seriam interdependentes e, com isso, viveríamos todos num território informacional único. (Duarte, 1999, p. 70).

[1] O conceito da inteligência coletiva foi criado a partir de alguns debates realizados por Pierre Lévy relacionados às tecnologias da inteligência e caracteriza-se pela nova forma de pensamento sustentável através de conexões sociais que se tornam viáveis pela utilização das redes abertas de computação da internet. A inteligência coletiva seria uma forma de o homem pensar e compartir seus conhecimentos com outras pessoas, utilizando recursos mecânicos, como, por exemplo, a internet. Nela, os próprios usuários é que geram o conteúdo através da interatividade com o website.

Então, a "galáxia de comunicação" de McLuhan, antes dominada pelos meios de comunicação emergentes da época, foi, com o tempo, perdendo espaço para a "galáxia da internet"[2] de Castells. Para demonstrar essa evolução, basta analisarmos o *Relatório McBride* publicado em 1980 pelas Unesco, confeccionado em um período em que a concentração de poder informacional e midiático se encontrava na mão de poucos oligopólios nos países do norte global (UNESCO, 1980). Dentre as considerações apontadas no texto, estava a crítica à atuação e operação global de poucas agências de notícia na produção, venda e distribuição de material jornalístico, atuando muitas vezes como *gatekeepers* das notícias mundiais.

Conforme Castells (2003), essa crítica se justifica em razão da capacidade da mídia em interconectar o planeta. A economia global e informacional se organiza em espaços de comando e controle que inovam, gerenciam e interligam a cidade global. Os territórios em nosso entorno passam a desempenhar uma função menos importante do que antes, e em razão disso os governos e empresas migram para uma estruturação de cooperação que os permita competir na economia global.

Entretanto, junto dessa explosão informacional-tecnológica e da reconfiguração da economia capitalista, o mundo se deparou com a crescente desigualdade, polarização de renda e exclusão social (Werner; Battisti, 2020). Conforme a recente pesquisa sobre o uso da internet no Brasil durante a pandemia do novo coronavírus (Pesquisa..., 2020), embora o uso da internet no território brasileiro tenha dobrado na última década, as desigualdades regionais e socioeconômicas foram reproduzidas no ambiente on-line: observou-se que a menor proporção de uso da internet ocorre entre áreas rurais, por pessoas mais velhas, indivíduos com menor renda e escolaridade, e, para além disso, a desigualdade do acesso à internet de qualidade foi latente, sendo que, para a maioria dos brasileiros, o único dispositivo conectado à internet é o telefone celular (Pesquisa..., 2021).

A pauta de conectividade é importante, tanto é que a desigualdade do acesso à internet tornou-se uma das prioridades políticas, consoante à

[2] Nas palavras de Castells (2003, p. 225): "A Galáxia da Internet é um novo ambiente de comunicação. Como a comunicação é a essência da atividade humana, todos os domínios da vida social estão sendo modificados pelos usos disseminados da Internet. Uma nova forma social, a sociedade de rede, está se constituindo em torno do planeta, embora sob uma diversidade de formas e com consideráveis diferenças em suas consequências para a vida das pessoas, dependendo de história, cultura e instituições".

agenda 2030 de desenvolvimento sustentável das Nações Unidas. O estudo da União Internacional de Telecomunicações (2021) revela que pelo menos 3 bilhões de pessoas não têm acesso à rede mundial, sendo que, dessa parcela, aqueles que tem mais acesso são homens.

Para os integrantes do mundo digital, muitas atividades cotidianas se tornaram incrivelmente fáceis de serem resolvidas, mas nesse universo digital, quantos são aqueles que pararam para se questionar: como chegamos até aqui? Quais são os impactos dessa nova forma de comunicar, relacionar e transacionar? Como podemos nos adaptar a essa nova realidade? E como o mercado e o Estado se relacionam com isso?

No Brasil, a pandemia de covid-19 fez com que 87,5% das empresas instaladas no território nacional realizassem alguma iniciativa voltada à transformação digital (Dell, 2020), colocando o Brasil na posição de 20º país com mais vendas on-line a consumidores, o que representa cerca de 16 bilhões de dólares em vendas (Pandemia..., 2021). Como sociedade, não é a primeira vez que passamos por esse tipo de transformações. Foi assim com a máquina a vapor, a eletricidade, as telecomunicações, a informática, e a biotecnologia, entre tantos outros processos a que aprendemos a nos adaptar. Atualmente, um dos nossos desafios é aprender a lidar com o crescimento exponencial da internet, das tecnologias de informação, comunicação e com os *players* que fazem parte desse ecossistema. E é dentro desse escopo que esta obra se desenvolve.

Dentre esses *players*, as plataformas digitais passaram a ser grandes aliadas nas relações pessoais e profissionais e têm crescido exponencialmente nos últimos anos. As maiores empresas da atualidade, em relação à capitalização de mercado, estão no ambiente digital. O relatório de resultados trimestrais das cinco gigantes da tecnologia, denominadas FAAMG (Facebook, Amazon, Apple, Microsoft e Google), divulgado em maio de 2021, demonstrou como a pandemia impulsionou as *big techs*. O valor de mercado combinado para as cinco *big techs* alcança mais de US$ 8 trilhões, representando quase um quarto do valor total das empresas no S&P500[3] (Phan, 2021). Isso é quase o dobro da porcentagem de cinco anos atrás, correspondendo a um terço do PIB (produto interno bruto) dos Estados Unidos e representando um crescimento de 64% a mais do que o ano de 2019, quando estavam cotadas em US$ 4,3 trilhões (Santana, 2021).

[3] Abreviação de Standard & Poor's 500, um índice de ações que reúne as 500 maiores empresas dos Estados Unidos.

Em comparação com o território brasileiro, o valor de mercado da Apple, por exemplo, chegou a US$1,88 trilhão (Leswing, 2021), ultrapassando, assim, o PIB do Brasil, que, segundo o Banco Mundial, foi de US$ 1,84 trilhão em 2019.

Em parte, esse crescimento pode ser atribuído à demanda de acessos, que aumentou consideravelmente durante a pandemia, afinal as tecnologias digitais ofereceram um canal alternativo para o desenvolvimento de atividades econômicas, interações sociais e de consumo (UNCTAD, 2020). Mas outro fator relevante que explica essa expansão é que o modelo de negócios das plataformas digitais tem uma série de particularidades que as coloca em posições estratégicas e com um poder de mercado cada vez mais relevante, como veremos ao longo desta dissertação. Para muitos, as "plataformas digitais" são sinônimos de "redes sociais", como Facebook e Instagram; entretanto, ao longo deste trabalho, desmistificaremos essa falsa impressão ao pontuar que a atuação como intermediadores de conteúdo é, na verdade, um dos serviços oferecidos dentro dos ecossistemas de plataformas.

A ampliação dessa visão é necessária para entender a grandiosidade desses players, pois as plataformas passaram a ser o novo espaço de troca, e o fato de elas estarem se tornando agentes econômicos tão importantes as colocou no centro de debates importantes de políticas públicas e regulatórias (Rais; Sabino; Battisti, 2021) – primeiramente porque a maioria dessas plataformas são globais e atuam em muitas jurisdições, o que torna a aplicação de legislação mais complicada; em segundo, essas plataformas atuam em mercados de múltiplos lados, seja para conectar compradores e vendedores, promover interação social através de redes sociais, oferecer serviços financeiros ou mecanismos de busca.

Além disso, a maioria dessas plataformas são o centro da nova economia movida a dados, tendo como base modelos de negócios orientados pela coleta e análise de dados, especialmente no que diz respeito às preferências dos consumidores. Conforme explicam Rais *et al.* (2018), ao utilizarmos GPS, Waze, WhatsApp e outros aplicativos, ou fazer compras on-line e automaticamente receber sugestões de produtos, estamos usando o *big data* e a inteligência artificial. Nesse sentido o *big data*[4] transformou as ins-

[4] "O *big data* tem sua definição intencionalmente subjetiva e refere-se ao conjunto de dados cujo tamanho está além da habilidade de ferramentas típicas de banco de capturar, gerenciar e analisar (Lima Junior, 2011). Por ser muito grande e se movimentar muito rápido, o *big*

tituições econômicas em um capitalismo digital, mudando a forma como a informação é produzida e trocada no mercado (MARCIANO; NICITA; RAMELLO, 2020). As preocupações com os gigantes da internet são de várias ordens, sendo que tais agentes não apenas competem em um mesmo mercado, como tornam-se o próprio mercado, daí decorre o receio de que eles utilizem o seu poder para proteger e aumentar ainda mais sua dominância (FRAZÃO, 2018).

Os dados representam fontes poderosas de poder econômico, e, para além disso, a dificuldade em precificar dados contribui para as frequentes fusões e aquisições de grandes empresas, como, por exemplo, a compra do Instagram (2012) e WhatsApp (2014) pelo Facebook. Segundo Khan (2018), isso permite que uma plataforma aproveite seu domínio para estabelecer uma posição melhor no mercado e em concorrência direta com outras empresas que utilizam sua infraestrutura, pois privilegia seus próprios bens e serviços sobre aqueles oferecidos por terceiros.

E essa prática já resultou em diversas multas antitrustes por abuso de posição dominante de mercado, como é o caso do Google, que foi multado pela Itália em € 102,084 milhões de euros (aproximadamente US$ 123,5 milhões) (PRESSE, 2021), e pela União Europeia em € 2,42 bilhões de euros (EUROPEAN COMMISSION, 2017a). Ou até mesmo resultar em ações mais contundentes, como a proposta dos Estados Unidos de realizar uma reforma nas leis antitrustes do país. Segundo o relatório *Investigation of competition in digital markets*, elaborado pelos legisladores do Comitê do Judiciário da Câmara dos Estados Unidos, embora a Apple, Amazon, Facebook e Google tenham proporcionado benefícios claros à sociedade, elas evoluíram e se tornaram "[...] os tipos de monopólios que vimos pela última vez na era dos barões do petróleo e magnatas das ferrovias" (USA, 2020b, p. 06).

O poder e a influência desses players não se restringem apenas ao campo econômico, mas abrangem diversas questões sociais, políticas e cívicas. As grandes empresas de tecnologia tornaram-se a arena de discussão de políticas globais e cada vez mais subsidiam nossas atividades cotidianas. Dentre as preocupações decorrentes da dominação desses blocos poderosos,

data não se encaixa nas restrições de arquiteturas de banco de dados. Para ganhar o valor a partir desses dados, você deve escolher um caminho alternativo para processá-lo (MORAVIA *et al.*, 2013)" (BERNARDI *et al.*, 2020, p. VIII).

temos a relação assimétrica com os usuários, proteção de dados pessoais, polarização política, desinformação, moderação de conteúdo, liberdade de expressão e portabilidade de dados. Conforme aponta Bernardi (2020, p. 35), a polarização vem ocupando um espaço relevante nos debates políticos, sobretudo com o avanço da internet e redes sociais. Segundo a autora, diversos são os indícios de que empresas utilizam táticas de psicometria, *bots*[5] sociais ou robôs para propagar notícias falsas ou induzir bolhas de eco nas redes sociais.

Nesse sentido, as plataformas intermediárias de conteúdo que veiculam conteúdos gerados por usuários vêm exercendo um papel central nas políticas regulatórias que podem afetar a liberdade de expressão (Kurtz; do Carmo; Vieira, 2021). Essas ferramentas de comunicação são de extrema importância para a conexão de pessoas, construção de conhecimento, disseminação de notícias e formação de agenda de discussões; entretanto, no cotidiano, precisam lidar com o desafio de gerenciar conteúdos danosos e indesejados que circulam em seus espaços. Nesse contexto, as plataformas precisam gerir e elaborar regras delineadas que as habilitem a intervir na forma em que os usuários interagem uns com os outros e com o conteúdo compartilhado – ou seja, informações, tipos de postagens, comentários, conteúdos compartilhados. A moderação de conteúdo pode ser realizada de maneiras diversas, e sua motivação é a diminuição da incidência de conteúdos danosos dentro das plataformas, visto que esse tipo de conteúdo traz prejuízos de ordem humanitária ao criar ambientes hostis e violadores de direitos e de ordem comercial, pois patrocinadores ou anunciantes das plataformas consideram prejudicial associar-se a empresas que permitem comunicações danosas (Rodrigues; Kurtz, 2020). Assim, governos, representantes da sociedade civil e empresas têm pressionado plataformas a intervirem na redução de tais conteúdos de forma mais incisiva e transparente.

[5] "Os *bots* são um tipo específico de programa de computador que realiza tarefas de forma autônoma, a partir de algoritmos (Lago; Massaro, 2018). É um programa que opera automaticamente como um agente para um usuário ou outro programa. Os hackers encaminham *bots* para as vítimas por vários meios, e o software infecta automaticamente computadores vulneráveis (Geer, 2005). Eles podem realizar diversas tarefas, sendo programados para executar uma série de funções, desde a varredura de rede, infecção de dispositivos vulneráveis, envio de mensagens de spam, navegação da internet e até interagir com indivíduos (Marzano *et al.*, 2018)" (Rais, 2020, p.VIII).

Em decorrência da pandemia global de covid-19 e diante da explosão desinformacional, as *big techs* começaram a remover com maior frequência postagens com informações enganosas sobre o coronavírus, se colocando em uma posição de "árbitros da verdade", na qual foram obrigadas a fazer julgamentos sobre a verdade ou falsidade de conteúdo[6]. Essa capacidade de moderar conteúdos coloca as plataformas no centro do dilema da liberdade de expressão *versus* censura.

E esse poder de decidir o que deve ou não permanecer na rede, por vezes, pode resultar em embates com atores políticos, em especial no que concerne a governança do discurso on-line – como foi o caso dos rótulos de advertência aplicados pelo Twitter na conta de Donald Trump, ex-presidente dos Estados Unidos (Edelman, 2021), ou as ocultações de *posts* do atual presidente do Brasil, Jair Bolsonaro, por serem caracterizados como "[...] informações enganosas e potencialmente prejudiciais relacionadas à COVID-19" (Santino, 2020).

Outros exemplos recentes de moderação foi o banimento de Trump de plataformas como Twitter, Google, Youtube, Twitch, TikTok e Instagram em razão da divulgação de afirmações falsas e incitação à violência, como protestos violentos e a invasão do Capitólio (Durigan; Machado, 2021); a proibição pelo Facebook dos militares de Mianmar de utilizar suas plataformas após o golpe instaurado no país no início de fevereiro de 2021 (Gerstein, 2021); ou até mesmo a rotulação de um *tweet* de Sambit Patra, porta voz do governo indiano BJP (*Bharatiya Janata Party*), como "mídia manipulada", o que fez com que a polícia de Délhi fizesse uma visita surpresa aos escritórios do Twitter em busca de justificativas (Singh, 2021). Esses casos demonstram um microcosmo dos principais desafios da moderação de conteúdo nas plataformas de mídias sociais.

Diante do grande poder dessas plataformas, os Estados vêm tentando buscar formas de controlá-las por meio de regulações, via legislativo, ou até por medidas executivas. Recentemente, o governo australiano aprovou o código de negociação da mídia de notícias a fim de "nivelar o campo

[6] Vale ressaltar que, de acordo com a política de diretrizes das plataformas, a moderação de conteúdo relacionada a COVID-19 não é aplicada a discursos políticos, mas sim nos casos em que as informações contrariem as orientações da Organização Mundial de Saúde (OMS) ou de autoridades locais de saúde sobre temas como tratamento, prevenção, diagnóstico, transmissão, diretrizes sobre distancialmente social e autoisolamento e a existência da covid-19.

de jogo" entre empresas de mídias de notícias e as *big techs*, exigindo que empresas como Google e Facebook passem a pagar uma taxa negociada com empresas jornalísticas para vincular ou usar o conteúdo de notícias (PORTER, 2021a). A União Europeia passou a exigir que as plataformas retirem conteúdos de natureza terrorista no prazo de até uma hora (UE VAI EXIGIR..., 2021). Na Índia, o governo anunciou novas regras para regular as empresas de mídia social, serviços de *streaming* e canais de notícias digitais. Plataformas como Google, Facebook, Telegram e LinkedIn já cumpriram parcialmente ou integralmente as determinações, mas o WhatsApp optou por processar o governo da Índia sob a alegação de inconstitucionalidade das novas regras (PORTER, 2021b). Nos Estados Unidos, o ex-presidente Donald Trump assinou, no dia 28 de maio de 2020, uma *executive order* impondo restrições aos poderes dos provedores de aplicações de internet de autorregulação de seus ambientes digitais, restringindo as hipóteses em que as plataformas poderiam remover conteúdos e bloquear perfis. No Brasil, além do Projeto de Lei nº 2.630 (Lei de Liberdade, Responsabilidade e Transparência da Internet) e de outros projetos apresentados no Congresso Nacional, o Presidente Jair Bolsonaro manifestou interesse em regulamentar o *Marco Civil da Internet* (Lei nº 12.965, de 2014) através de decreto presidencial. Logo após, assinou medida provisória que limitava a remoção de conteúdo das redes sociais e, diante da devolutiva realizada pelo presidente do Senado, Rodrigo Pacheco, enviou um projeto de lei com a mesma abordagem para o Congresso Nacional.

Ao falar sobre essa amplificação de tentativas regulatórias, Karan Bhatian, chefe de política global do Google, apontou que "[...] é a multiplicação de políticas nacionais divergentes e frequentemente inconsistentes que torna muito desafiador operar plataformas globais em um mundo de crescente fragmentação de uma perspectiva regulatória" (GOLD, 2021b). Então, observamos que a internet desestruturou as economias nacionais e limitou a capacidade do Estado-nação de responder em seu âmbito problemas globais. Assim sendo, a soberania, definida inicialmente como um conjunto de poderes exercidos com exclusividade pelo Estado (CASTELLS, 2003), não encontra guarida no mundo contemporâneo, diante da globalização.

De acordo com Castells (2016), o caráter global da internet mostrou a necessidade de governos de diferentes países agirem de maneira conjunta. No entanto, ao fazer isso, os próprios Estados perdem, em parte, a sua soberania, a fim de conservar coletivamente algum grau de controle político. Dessa forma, depreende-se que o cerne do problema não está no modelo de negócio das plataformas, mas sim no poder que elas detêm e que delas decorre.

O grande dilema é que, para corresponder às expectativas de um ecossistema digital de rápida evolução, os governos e os formuladores de políticas precisaram se adaptar para desenvolver estruturas regulatórias que acompanhem esse fluxo. Entretanto, as iniciativas legislativas locais por vezes são ilegítimas ou desproporcionais face ao caráter global e multiterritorial das plataformas de internet. Assim, conforme aduz Castells (2003), a internet solapou decisivamente a soberania nacional e o controle do Estado, uma vez que o controle da informação sempre foi a essência do poder Estatal ao longo da história.

A internet de hoje não será a internet de amanhã, e limitar a inovação e avanços em segurança pode representar um grande retrocesso. Os embates sobre as formas de controle de comunicação estão longe de ser resolvidos. Para tanto, questões sensíveis como esta requerem amplos debates e contribuições multissetoriais. As regulamentações propostas devem considerar o caráter global da internet e a multinacionalidade das empresas de tecnologia.

Embora a arquitetura de redes e plataformas nos imponham respostas e soluções instantâneas, quando falamos de regulação de plataformas, precisamos parar, analisar e ter cautela. É nesse contexto de concentração de poder que se desenvolve esta obra: De que forma se dá a relação entre o poder estatal e o poder midiático digital das *big techs* no que concerne à sua regulação no *Estado brasileiro*?

O objetivo central deste trabalho é verificar como o Estado está se relacionando com as plataformas digitais, especificamente no que tange ao controle da arena digital através da regulação dessas plataformas, além de contextualizar as plataformas digitais.

Dessa forma, tem-se como objeto de estudo os desafios apresentados pelas plataformas digitais e as tentativas do Estado de regulamentar a atuação desses *players*, buscando entender de que forma as plataformas representam uma nova forma de poder frente ao Estado. Optou-se, assim, por analisar no que consistem essas plataformas, discutindo de que modo seus modelos de negócios de múltiplos lados criam novos ecossistemas de difícil regulação, buscando entender como calibrar o ambiente jurídico de modo a permitir um maior equilíbrio entre Estado *versus* plataforma.

Para tanto, na coleta de dados optou-se pela realização de análise documental de 79 propostas legislativas apresentadas na Câmara dos Deputados e apensadas ao PL nº 2.630, que versa sobre a regulação de plataformas digitais (Vieira, 2020). Assim, torna-se possível analisar o arcabouço jurídico e constitucional em voga, assim como as ações e resoluções que estão em pauta para os próximos anos. Com esse trabalho, pretende-se contribuir para o aprimoramento da intersecção entre direito, ciência política e Estado, de modo a auxiliar no equilíbrio entre a relação do poder estatal frente às *big techs*.

Para atender a esses objetivos, o trabalho foi estruturado em quatro partes, para além desta introdução e da conclusão. No primeiro capítulo, busca-se tecer breves considerações sobre no que consiste o Estado e de que formas ele manifesta seus poderes; além disso, será analisado de que forma o conceito de soberania vinculada ao território foi reconfigurado a partir da globalização e da instauração da nova economia digital, "local" em que as plataformas digitais estão inseridas.

No segundo capítulo, realiza-se a conceituação e caracterização de plataformas digitais, debatendo de que modo as plataformas digitais representam uma nova forma de poder e de controle. Além disso, aborda-se alguns dos desafios regulatórios que são de diversas dimensões, abarcando pautas de antitruste, *big data* e moderação de conteúdo; entretanto o presente trabalho não tem como foco analisar questões concorrenciais e de *big data*, optando por analisá-los de maneira transversal e não aprofundada.

O terceiro capítulo deste trabalho discorre sobre a relação entre o Estado e as plataformas digitais na atualidade, assim como os poderes cívicos que elas vêm adquirindo, buscando entender como o Estado tem se relacionado com os desafios proporcionados pelas plataformas intermediadoras de conteúdo e em que medida esses atores estão subvertendo a lógica do poder estatal.

No quarto capítulo, analisa-se o atual arcabouço normativo no que tange às plataformas digitais, portanto, foram analisados 79 Projetos de leis que, por tratarem de matéria análoga ou conexa, foram apensados ao PL nº 2.630 (Lei de Liberdade, Responsabilidade e Transparência na Internet), amplamente discutido e noticiado por estabelecer normas sobre o ambiente on-line, cujo conteúdo também foi abordado de maneira mais aprofundada, buscando entender de que forma o Estado Brasileiro se propõe a regular as plataformas digitais, bem como as diferentes forças partidárias que se contrapõe no Congresso Legislativo Brasileiro acerca da temática de moderação de conteúdo, ou até mesmo, de poder das plataformas.

Para finalizar, apresenta-se as considerações finais da pesquisa, elencando os principais pontos analisados, bem como a conclusão alçada e possibilidades de projetos futuros.

1
BREVES CONSIDERAÇÕES SOBRE O PODER ESTATAL

O Estado como ordem política da sociedade é conhecido desde a Antiguidade e perdura até os nossos dias. Conforme explica Bonavides (2011), o Estado nem sempre teve essa denominação, isso porque no Império Romano e, mais tarde, entre os germânicos invasores, os vocábulos *Imperium* e *Regnum* passaram a exprimir a ideia de Estado como organização de domínio e poder. Quando se chega à Idade Média, há o emprego do termo *Laender* (Países), trazendo a ideia de Estado vinculada ao território. Mas o Estado moderno é algo relativamente recente, assim como a concepção de que a soberania é uma exigência política para o exercício do controle num determinado território (Bagnoli, 2009). Canotilho (1993) afirma que se deve entender o Estado como conceito historicamente concreto e como modelo de domínio político típico da modernidade. Assim, o Estado pode ser entendido como resultado da forma de organização da sociedade, que seria a sociedade política (Wloch; Vizzotto, 2016).

É no século XX que as transformações promovidas no século XIX se fazem absolutamente presentes, e as Guerras Mundiais servem para estabelecer uma nova ordem econômica internacional (Bagnoli, 2009). Conforme descreve Del Vecchio (1959, p. 95), a Idade média foi marcada por "multidões de pequenos estados" que eram subordinados ao Papado e ao Império; com o Renascimento, "[...] surgem os grandes Estados, as grandes Monarquias" soberanas, e "o[s] problema[s] jurídicos e políticos" passam a ser estudados sob a ótica das relações entre indivíduos e a sociedade, governante e governado. Dessa forma, o ponto de partida para o Estado moderno baseou-se em princípios liberais, democráticos e nacionalistas, quando a classe burguesa iniciou a primeira das revoluções modernas e os revolucionários buscavam a defesa de princípios de soberania popular, igualdade de direitos e a unidade de instrumentalização de administração e independência em relação ao direito internacional (Wloch, Vizzotto, 2016). Entretanto, essa mudança na filosofia política representa também o nascimento de uma concepção de Estado cuja base é o poder e a dominação.

Tanto é assim que, segundo Paulo Bonavides, "a versão mais aceita" é a de que a expressão *Estado* foi introduzida nas primeiras linhas de *O Príncipe*, de Maquiavel (1532). Conforme aponta o autor, "[...] o emprego moderno do nome Estado remonta a Maquiavel, quando este inaugurou O Príncipe com a frase célebre: 'Todos os Estados, todos os domínios que têm tido ou têm império sobre os homens são Estados, e são repúblicas ou principados'" (Bonavides, 2011, p. 66). Nesse sentido, Lebrun (1984, p. 27) pontua que a "marca de nascença da modernidade política" é a ideia de "uma dominação suprema", de um poder como condição, não só para funcionamento da cidade, como para sua constituição.

Canotilho (1993, p. 17) aponta que as constituições se ligam ao "nascimento do Estado", daí a "representação" constitucional do Estado-Nação: um centro político – o Estado –, conformado por normas – as normas da Constituição – que exercem a "coação física legítima" – poder – dentro de um território nacional. A partir da divisão dos poderes antes concedidos à Igreja e por meio da incorporação de poderes sociais para atores diversos, nasce o Estado moderno e a necessidade de um poder soberano (Jouvenel, 2010). Segundo Canabarro (2014, p. 122), "[...] na modernidade, o poder de governar uma determinada comunidade política – de dirigir o complexo processo da governança dessa comunidade, portanto – foi institucionalizado no Estado".

A definição dos elementos constitutivos do Estado é um ponto central do estudo da teoria geral do Estado e ciência política. Embora apareça com diversas roupagens, o Estado é constituído por elementos materiais (território e população), elementos formais (ordenamento jurídico e governo soberano) e final (bem comum) (Miranda, 2015). Da Silva (2009) afirma que o governo surge da necessidade do Estado ter um núcleo de poder; esse núcleo de poder é composto por órgãos do Estado que exercem controle sobre deliberações e sobre a legislação do território, bem como sobre o bem comum da sociedade.

Para Filomeno (1997, p. 83), pode-se conceituar o governo como "[...] a organização necessária para o exercício do poder político do Estado". E Bonavides (2011, p. 117) complementa que "[...] todo Estado, comunidade territorial, implica uma diferenciação entre governantes e governados, entre homens que mandam e homens que obedecem, entre os que detêm o poder e os que a ele se sujeitam". Assim, percebemos que o governo é uma estrutura para manter o Estado, e sua existência depende do Estado, e vice-versa. Embora possam apresentar contornos diversos, os termos *governo* e *governança* envolvem a definição de:

> [...] metas sociais, econômicas políticas e etc., para a viabilização de seu alcance, e em alguns casos, envolvem mecanismos para o controle das ações dos atores responsáveis pela tomada de decisão em nome do corpo social e por sua operacionalização. (Canabarro, 2014, p. 122).

Nas palavras de Castells (2009, p. 27), "[...] o poder é o processo fundamental da sociedade, pois se define em torno de valores e instituições, e o que se valoriza e se institucionaliza se define pelas relações de poder". Podemos entender que as múltiplas faces do poder se manifestam em estruturas político-econômicas, que de uma forma direta e indireta interferem no poder local. Dessa forma, a relação que estimula o poder é definida pela relação social e pelo posicionamento de atores sociais na resolução de seus objetivos no território, garantindo a sua propagação e, consequentemente, o fortalecimento de seus laços dentro de uma ordem social. Assim, temos o poder político-social (Daniel, 1988; Bobbio, 1997a).

Bagnoli (2009, p. 27) expõe que o termo *poder* possui um campo semântico abrangente e de difícil definição, e que é utilizado para tratar realidades diferentes; nesse sentido, podemos falar de poder judiciário, constituinte, aquisitivo, moderador, temporal, legislativo, público, pátrio, entre outras diversas gamas de significados. Para o autor, independentemente da forma em que ocorre sua manifestação, o poder na verdade:

> Trata-se de uma relação assimétrica, cuja consequência é uma subordinação. Quem tem poder o exerce, convence, manda; quem não possui poder subordina-se, é convencido, obedece. Por sua característica o poder é algo que seduz, atrai, envolve, engrandece, mas também cega, corrompe, ultrapassa limites éticos e morais. Caso o poder manifestado não atinja seu resultado e deixe de ser cumprido, significa que não tem força, não subordina mais, deixou de ser poder. (Bagnoli, 2009, p. 28).

Nesse sentido, Bobbio (2000) entende que, por se tratar de um poder público, o sistema de democracia representativa exige a "visibilidade" do poder. De outro modo, Weber (1971, p. 219) conceitua poder como "[...] toda a oportunidade de impor sua própria vontade no interior de uma relação social, até mesmo contra resistências, pouco importando em que repouse tal oportunidade". A partir dessas conceituações, é possível depreender que o poder pode ser entendido como a capacidade de um grupo de indivíduos ou um indivíduo impor a sua vontade sobre a vontade de outros. Para Weber (1971), são três os tipos de poder existentes: poder legal-racional, poder carismático e o poder tradicional, sendo que o poder legal-racional, que posteriormente se constitui em poder político, somente pode ser exercido pelo Estado, por intermédio do monopólio da força. O autor ainda afirma que o poder político resulta em um sistema de procedimentos e regras que autorizam os indivíduos a agir de uma maneira determinada.

De modo diverso ao de Weber, que classificou os tipos de poder, Bobbio (1987) identificou três formas de poder, ou seja, os meios pelos quais se exerce o poder. São eles: o econômico, o ideológico e o político. O poder econômico é aquele que se vale da posse de certos bens, numa situação de escassez, para induzir os que não os possuem a adotar uma certa conduta, consistente principalmente na execução de um trabalho útil. O poder ideológico é aquele que se vale da posse de certas formas de saber para exercer uma influência sobre o comportamento alheio e induzir os membros do grupo a realizar ou não realizar uma ação. O poder político vai-se, assim, identificando com o exercício da força, e passa a ser definido como aquele poder que, para obter os efeitos desejado, tem o direito de fazer uso da força, embora em última instância, como *extrema ratio*. Conforme afirma o autor, as similaridades dessas formas de poder consistem na contribuição conjunta para manter a sociedade divididas entre fortes e fracos (poder político), ricos e pobres (poder econômico) e sábios e ignorantes (poder ideológico).

Entretanto, Bobbio (2000) afirma que o poder somente se constitui, de fato, quando a capacidade de premiar ou punir é reconhecida. Nesse mesmo sentido, Galbraith (1999) analisa a influência da mídia no exercício do poder condicionado. Para o economista, o poder da imprensa, do rádio e da televisão, como o da religião, deriva da crença – do condicionamento social (Galbraith, 1999). Assim, observa ele, para o exercício continuado do poder, é fundamental dispor de meios de comunicação de massa comprometidos com a manutenção do "sistema" e de um sistema educacional que perpetue o pensamento dominante. O raciocínio de Galbraith é compartilhado por Castells, para quem a utilização dos meios de comunicação para o condicionamento social tem-se mostrado, historicamente, como um instrumento eficaz. Quando bem-feito, avalia, as pessoas sequer percebem que estão sendo controladas e se submetem aos propósitos dos outros (Castells, 1999).

A relação do poder e da norma descrita por Bobbio revela que o poder pode influenciar o nascimento da norma, e essa norma produzir outros poderes. Bagnoli (2009) aponta que o poder, em sua essência, não se limita a ser político ou econômico, mas sim o meio pelo qual se obtém o comportamento desejado. Afirma que o poder político possui uma relação muito estreita com o poder econômico, sendo que, dessa relação, surgem leis (legitimação de poder) que atendem ao interesse da minoria detentora do poder econômico. Assim, segundo o autor, o poder econômico é uma criação do Estado para atender às suas necessidades e a interesses privados, e "[...] encontra no século XIX o momento de sua grande transformação, quando passa a ser reconhecido pelo Estado, como sujeito de direitos, em especial liberdade e propriedade" (Bagnoli, 2009, p. 231). Ao entender o poder econômico como semelhante a impérios, que para continuarem como senhores deveriam expandir-se, o autor aponta que o Estado que dispõe de maior poder econômico é aquele que se destaca e será o senhor em seu momento histórico, o Império (Bagnoli, 2009). O plano do poder econômico é, portanto, onde se estabelece a relação público-privado, da defesa, pelo Estado, do poder econômico privado, onde a guerra comercial entre os diversos detentores de poder econômico tem como aliado o Estado (Bagnoli, 2009).

Nesse espaço, cada vez mais empresas transnacionais passam a acumular poder pela exploração, com o Estado deixando de prestar serviços na área de saúde, educação e segurança. Assim, a política passa a ser feita no mercado global, onde os atores são empresas globais que "[...] não possuem preocupações éticas e finalísticas" e assumem "[...] um trabalho de assistência social antes deferido ao poder público" (Santos, 2001, p. 67).

Para Bagnolli (2008), o que se deve buscar no Estado democrático é que os interesses da vida nacional não sejam suprimidos pelo interesse do poder econômico. Explica ainda que a livre concorrência deve ser o princípio que norteia o processo democrático de escolhas; entretanto, é necessário que os indivíduos possuam a plenitude de informações, sendo a assimetria de informações um desvirtuamento do processo de livre concorrência que faz com que a melhor escolha, baseada em verdade e realidade, deixe de ser tomada, e passe a prevalecer a vontade de quem controla o poder, que direciona e influencia escolhas.

Steven Lukes (2005b) discorre em seu livro *Power: a radical view* sobre o poder no âmbito da tomada de decisão governamental e apresenta uma visão tridimensional sobre as manifestações de poder na sociedade, visão essa que será adotada. O autor afirmou em uma entrevista para a Associação Internacional de Estudantes de Ciência Política (IAPSS) que *poder* é uma noção difícil de ser entendida, que todos a utilizam, mas a sua compreensão é decorrente da forma como cada um pensa; portanto, a utilização de dimensões de poder sugere que vejamos o fenômeno de forma mais aprofundada (IAPSS, 2021). Nesse mesmo sentido, Joseph Nye (1990, p. 177) afirma: "[...] o poder também é como o amor, mais fácil de experimentar do que definir ou medir, mas não menos real por isso".

A primeira dimensão de poder é decorrente da perspectiva de Robert Dahl (1957) sobre o tema e diz respeito à mensuração do poder quanto ao seu exercício por parte de indivíduos e grupos, quando em situações de conflito de interesses em que tais interesses são concebidos como preferências de atores que tomam decisões políticas – ou seja, o exercício do poder consiste em vencer a oposição (Lukes, 2005b). Lukes afirma que se trata de conseguir com que os outros façam o que "você" quiser em um contexto em que há conflito de interesses observáveis na esfera de tomadas de decisões. Trata-se do exercício de poder de "A" sobre "B", situação em que o agente mais poderoso demonstra que detém o poder; no entanto, enquanto o poder é uma capacidade, o agente pode detê-lo sem exercê-lo. Dahl conclui que não existiria uma "elite de poder" conforme preconizado por Mills, pois o poder estaria distribuído de forma pluralística em diversos grupos sociais (Pedroso, 2014).

A segunda dimensão de poder abordada por Lukes é decorrente da análise crítica de Bachrach e Baratz (1962). Segundo os autores, trata-se de ir além da percepção de qual agente prevalece sobre o outro, ou do conflito de interesse no processo decisório, mas, sim, da agenda em torno de tal decisão (Lukes, 2021). Dessa forma, os autores "[...] passam a considerar que o poder é variável determinante não apenas dos resultados desses processos, mas antes, dos assuntos que podem ou não ser objeto de decisão" (Almeida, 2019, p. 225). Assim:

> O poder não se refletia apenas em decisões concretas; o pesquisador também deve considerar a chance de que alguma pessoa ou associação possa limitar a tomada de decisão a questões relativamente não controversas, influenciando os valores da comunidade e procedimentos e rituais políticos, apesar de haver na comunidade conflitos de poder sérios, mas latentes. Assim, na medida em que uma pessoa ou grupo conscientemente ou, inconscientemente, cria ou reforça barreiras à divulgação pública de conflitos de política, essa pessoa ou grupo tem poder. (Lukes, 2005b, p. 15).

A partir das duas teorias, Lukes considerou que a observação do fenômeno deveria ser realizada de forma tridimensional, visto que existiriam algumas manifestações de poder na sociedade que estariam escondidas ou ocultas até para seus próprios detentores, ou seja, quando "[...] ele [o detentor] atua contra os interesses das pessoas, enganando-as, distorcendo assim seu julgamento". Trata-se do exercício do poder de modo a envolver a ocultação dos "interesses reais" das pessoas pela "falsa consciência" (Lukes, 2005b, p. 22). Nessa dimensão, Lukes critica a abordagem do conflito preconizada por Bachrach e Baratz, afirmando que "[...] embora as relações de poder sejam assimétricas, não têm de ser necessariamente conflituosas" (Almeida, 2016, p.10). Assim, na interpretação do autor, o poder não é apenas a habilidade de predominar sobre outros em disputas de interesse (conforme proposto por Dahl), ou determinar a agenda de tais disputas (conforme Bachrach e Baratz), mas o poder englobaria os demais poderes "[...] no sentido de obter a sua dependência, aderência, aliança ou cumplicidade, mesmo não precisando ser exercido, quando não existe conflito" (Pedroso, 2014, p. 08).

Conforme pontuado por Almeida (2016), a terceira dimensão de poder ampliou as análises de poder, principalmente quanto a questões de ausência de conflito de interesses entre agentes com interesses opostos, ou o fato de não haver resistência frente à dominação, momento em que as pessoas passam a ser influenciadas sem se dar conta sobre isso.

1.1. Poder e globalização: a ressignificação da soberania territorial

Dallari (1981) afirma que a maioria dos autores considera que o poder é um elemento essencial do Estado, pois sendo o Estado uma sociedade, não poderia existir sem um poder. Dentre as peculiaridades que qualificam o Estado, a mais importante seria a soberania. Para o autor, a estabilidade institucional se baseia na capacidade do Estado de articular os diferentes interesses e valores no processo democrático mediante as redes de comunicação. Costa (2018, p. 28), ao discorrer sobre a história do poder, afirma que:

> O Estado moderno é, portanto, Estado soberano. Isto significa que este se configura em um poder independente e supremo, ou seja, que não tem paralelo no território em que atua, podendo, portanto, dar ordens às demais associações e homens sem ser limitado por nenhuma ordem externa, inclusive legal, visto que é a vontade do soberano que determina o que é direito e o que não é.

Bonavides (2015, p. 39) afirma que a soberania foi "[...] o grande princípio que inaugurou o Estado Moderno". Segundo os ensinamentos de Jellinek (2004, p. 432), "[...] poder Soberano de um Estado, é, portanto, aquele que não reconhece nenhum outro superior a si, consequentemente é um poder Supremo e independente". Assim, a soberania é a capacidade de um Estado de se posicionar de maneira juridicamente autônoma, sendo o Estado soberano o único que pode, dentro de suas limitações jurídicas, ordenar de maneira livre sua atividade. Machado Paupério (1958, p. 16) acrescenta que a vontade do Estado soberano não depende de nenhuma outra vontade. E Webber (1946, p. 176) faz uma importante afirmação sobre o tema, ligando a soberania estatal não apenas ao território, mas à legitimação da força física dentro desse espaço: "[...] el estado es una comunidad humana que reivindica (con éxito) el monopolio del uso legítimo de la fuerza física en un territorio determinado. Obsérvese que el territorio es una de las características del estado".

A noção de territorialidade não se consolidou até o século XIII, pois foi somente a partir das contribuições de Bodin (2011), conceituando a soberania como "poder absoluto e perpétuo", que surgiu a necessidade da submissão de todos a uma autoridade legitima, e, na medida em que esse passo em direção à uniformidade foi dado, o resultado foi a territorialização do governo. Segundo o autor, não há Estado sem soberania. Conforme teorizado por Bonavides (2011), a soberania se converteu a ponto de tornar-se um conceito polêmico, uma vez que, partindo da premissa de Bodin, ela é considerada uma categoria absoluta, um dogma do direito público, o que é falso para a doutrina dominante desde Jellinek até os dias presentes. Jellinek (2004, p. 495) conceitua a soberania como a "[...] capacidade do Estado a uma autovinculação e autodeterminação jurídica exclusiva", o que, nas palavras de Bonavides, "[...] corrigiu o abuso contido na concepção de Bodin e removeu o principal obstáculo da velha doutrina francesa, que fazia da soberania um poder absoluto, ilimitado, incontrastável". Segundo o autor, a crise contemporânea em torno desse conceito envolve aspectos fundamentais:

> [...] de uma parte, a dificuldade de conciliar a noção de soberania do Estado com a ordem internacional, de modo que a ênfase na soberania do Estado implica sacrifício maior ou menor do ordenamento internacional e, vice-versa, a ênfase neste se faz com restrições de grau variável aos limites da soberania, há algum tempo tomada ainda em termos absolutos. (Bonavides, 2011, p. 133).

Para Bonavides (2011), a soberania exprime o mais alto poder do Estado e apresenta duas faces diversas: a interna e a externa. A soberania interna nada mais é do que o poder de *Imperium* que o Estado tem sobre o território e a população, assim como a sua superioridade. Do ponto de vista externo, a soberania é apenas qualidade do poder que a organização estatal poderá ostentar ou deixar de ostentar. Assim sendo, tem-se a soberania como grau superlativo, sem parâmetros e que o Estado não encontra igual, a não ser pelo poder soberano de outros Estados. Assim, a efetivação do poder soberano foi obtida junto à delimitação espacial, ou seja, a fixação do conceito de território. Segue, portanto, que a soberania nacional trata do fundamento último, que não admite autoridade externa na ordem interna, inclusive nos aspectos econômicos, o que, na realidade, atualmente, como consequência inevitável da globalização, encontra-se relativizado (Silva, 2014).

Ao longo dos tempos, essa noção acompanhou diversas modificações das estruturas e sistemas do poder político. Bonavides (2011) expõe que hoje, por exemplo, conforme alguns publicistas, as ideologias pesam mais nas relações entre os Estados do que o sentimento nacional de soberania. Outro motivo que concorreria fortemente para abater o princípio de soberania é a necessidade de se criar uma ordem internacional, tendo essa ordem um primado sobre a ordem nacional. Michael Hardt e Antonio Negri (2005, p. 12) apontam como hipótese básica que "[...] a soberania tomou nova forma, composta de uma série de organismos nacionais e supranacionais, unidos por uma lógica ou regra única. Essa nova forma global de economia é o que chamamos Império".

Como visto, a noção de soberania relacionada à ideia de poder, de dominação sobre um território tem sido um conceito-chave na doutrina jurídica e dentro das discussões políticas, e é fruto de construções históricas. Entretanto, isso não significa que seu significado permaneça imutável. Um dos fenômenos cruciais para a compreensão da nova roupagem da soberania moderna é a territorialização de políticas de governo através da formação do Estado. Dallari (1981, p. 109) aponta que, na concepção jurídica, a soberania pode ser considerada como "[...] o poder de decidir em última instância sobre a eficácia de normas jurídicas".

A abertura de fronteiras e economias e a constante troca internacional de mercadorias, a circulação de pessoas e a ampliação do conhecimento e informação formam o que chamamos de globalização. Segundo Canabarro (2014), a ordem internacional sofreu diversas alterações a partir da Segunda Guerra Mundial, principalmente no que tange à transação de poder no sistema internacional, levantando várias questões sobre o equilíbrio de poder nas relações interestatais, bem como sobre o equilíbrio de poder entre atores estatais e atores econômico-empresariais. Assim, a globalização representou uma grande transformação na organização territorial da atividade econômica e poder político-econômico (Sassen, 1996).

Portanto, a soberania, definida inicialmente como um conjunto de poderes exercidos com exclusividade pelo Estado, não encontra guarida no mundo contemporâneo diante da globalização. Nesse cenário em que os Estados soberanos buscam o resgate das formas de domínio e poder, surge o exercício da soberania compartilhada no Estado de rede. Segundo Castells (2009, p. 35):

> El nuevo estado red se caracteriza por compartir la soberanía y la responsabilidade entre distintos estados y niveles de gobierno; la flexibilidad em los procedimientos de gobierno y una mayor diversidad de tiempos y espacios en la relación entre gobiernos y ciudadanos en comparación com el anterior estado-nación.

No mesmo sentido, conforme apontado por Bagnoli (2009, p. 220), "[...] mais do que superar os limites territoriais das fronteiras a partir do comércio global, a globalização derrubou as fronteiras e transformou o significado da soberania, que definitivamente está atrelado à questão econômica". Segundo o autor, a soberania contemporânea não destrói ou anexa os poderes que encontra no dominado, mas mantém tais poderes, os incluindo em uma rede, reformando o poder soberano do dominado, que precisa estar alinhado ao poder soberano dominador. A soberania imperial encontra no mercado mundial o *locus* para o exercício do seu poder. Já a globalização é o meio para a soberania imperial criar o mercado mundial. Toda essa lógica globalizante ocorre na soberania imperial expansiva e inclusiva, que irrompe a noção tradicional das fronteiras dos Estados, fazendo do mundo um grande mercado.

Com o surgimento da internet e sua natureza transfronteiriça, surgem diversos conflitos em relação ao antigo sistema, baseado em jurisdições nacionais soberanas (Canabarro, 2014). Conforme aduz Castells (2003), a internet solapou decisivamente a soberania nacional e o controle do Estado, uma vez que o controle da informação sempre foi a essência do poder do Estado ao longo da história. Assim, para retomar a posse do ciberespaço e exercer uma regulação global, os Estados precisam se fundir e compartilhar o poder. Nesse sentido:

> Paralelamente, porém, as crescentes preocupações com a segurança e as diferentes perspectivas nacionais em relação à liberdade de expressão, direitos autorais ou proteção à privacidade nas redes sociais geraram uma reafirmação mundial por parte dos governos das fronteiras e jurisdições nacionais. Na verdade, os governos nacionais têm lutado para adaptar as leis mais antigas ao novo ambiente digital. Eles também enfrentam dificuldades para fazer cumprir suas regras e decisões judiciais sobre atores localizados fora de suas fronteiras e, ao mesmo tempo, se preocupam com o impacto das legislações de outros países sobre seus próprios cidadãos e empresas. (La Chapelle, 2011).

Assim, nas palavras de Pierry Lévy (1999, p. 201), o ciberespaço é desterritorializante por natureza, "[...] enquanto o Estado moderno baseia-se, sobretudo, na noção de território, o Estado perde, assim, o controle sobre uma parte cada vez mais importante dos fluxos econômicos e informacionais transfronteiriços". Nesse mesmo sentido, Milton Santos (2001) discorre sobre como as informações passaram a ser centralizadas na mão de um número limitado de empresas, e o território deixou de ter fronteiras rígidas, o que leva ao enfraquecimento da natureza dos Estados nacionais. Diante dessas transformações, surgem questionamentos sobre como as empresas multinacionais se enquadram dentro de um Estado soberano e como resolver os conflitos que daí decorrem.

Esse fenômeno faz crer que deve haver menos poder do Estado, tendo em vista o argumento de que os condutores da globalização necessitam de um Estado flexível a seus interesses. Para Milton Santos (2001, p. 67), "[...] não é que o Estado se ausente ou se torne menor. Ele apenas se omite quanto ao interesse das populações e se torna mais forte, mais ágil, mais presente, ao serviço da economia dominante". Para Dallari (1981), o Estado procura impor sanções de acordo com suas legislações para solucionar tal embate, mas as empresas multinacionais possuem diversos meios de burlar a ação do poder soberano, evitando a incidência de leis em matérias tributárias, trabalhistas e políticas, por exemplo. Assim, através de meios legais e extralegais, as empresas multinacionais criam obstáculos para a ação soberana do Estado, "[...] ficando a soberania como um poder teoricamente superior, mas praticamente ineficaz (DALLARI, 1981, p.9)".

A política passa a ser feita no mercado global, onde os atores são empresas globais que "não possuem preocupações éticas e finalísticas" (SANTOS, 2001, p. 69) e que são apresentadas como salvadoras e merecedoras de reconhecimento pela geração de emprego e inovação. "Daí a crença de sua indispensabilidade, fator da presente guerra entre lugares, e, em muitos casos, de sua atitude de chantagem frente ao poder público, ameaçando ir embora quando não atendidas em seu reclamo" (SANTOS, 2001, p. 69).

Nesse sentido e lançando olhar para questões econômicas, Bagnolli (2008) explica que a ordem econômica globalizante é responsável pela reforma do conceito de soberania dos Estados, que continuam soberanos políticos, mas não econômicos. Para o autor, a soberania plena relaciona-se com a soberania política e econômica, sendo uma relação proporcional: "[...] quanto menos poder econômico um Estado detém, menos soberano econômico é, o que limita proporcionalmente sua soberania política" (BAGNOLI, 2009, p. 273). Dessa forma, o Estado deve agir por meio de sua soberania política para atuar no controle do poder econômico, não o deixando se autorregular e preponderar-se.

Vale ressaltar que esse argumento é de extrema pertinência em uma situação em que os mercados se globalizam e as fronteiras entre os Estados enfraquecem. Isso porque, no ambiente econômico globalizado, as indústrias deixam de operar de modo multinacional e passam a ser transnacionais, o que significa que não mais mantêm a linha de produção inteira no mesmo país, e, sim, partes da produção espalhadas em regiões que apresentam alguma vantagem competitiva, e é esse o caso das plataformas de tecnologia (VENERUCI, 2007).

Portanto, observa-se que, a partir da globalização e da natureza "sem fronteiras" da internet, passamos para a concepção de um mundo unificado, em que as fronteiras geográficas se tornaram menos relevantes. Nesse espaço, surgem conflitos que se relacionam com o poder político e econômico exercido pelo Estado, tanto em seu ambiente doméstico como no plano internacional.

La Chapelle (2011) afirma que a internet é aclamada como uma "ferramenta de convergência cultural, política e econômica", um espaço regido por "princípios de democracia e liberdade". Cabe analisarmos a seguir a evolução do mercado digital e a penetração da internet nos contextos sociais, oportunizando um espaço de dominação para atores econômicos relevantes, como as plataformas digitais que hospedam conteúdos de mídia e transformaram a internet em um espaço social e político completo, uma "política global" aos olhos de alguns.

1.2. A evolução do mercado digital

Em 2016, quando Roth escreveu a obra *Como funcionam os mercados*, afirmou que a internet ainda não tinha conseguido transformar o mercado imobiliário; cinco anos depois, a realidade já é diferente. Conseguimos investir em imóveis em qualquer lugar do mundo, as compras e vendas podem ser feitas por qualquer usuário conectado à internet, que anunciam imóveis em qualquer site sem que haja o mínimo de intermediação de imobiliárias. Roth demonstra como as oportunidades de mercado podem surgir a qualquer momento, assim como ocorreu com a ampliação da conectividade, porque viabilizou que os mercados se tornassem mais onipresentes e rápidos (ROTH, 2016).

A revolução digital não é a primeira vez que a sociedade e o governo tiveram de lidar com mudanças nas suas estruturas regulatórias, econômicas e comportamentais. As revoluções tecnológicas anteriores abriram caminhos para uma diversidade de processos e inovações, demonstrando como o mercado se adaptou e pode se adaptar a novas dinâmicas (CASTELLS, 2003). Cada revolução tecnológica levou à substituição massiva de um conjunto de tecnologias por outro, seja por substituição total ou por meio da modernização de equipamentos, processos e formas de operação existentes. Cada uma delas envolveu mudanças profundas nas pessoas, organizações e habilidades, levando a períodos explosivos para os mercados financeiros (Perez, 2002).

Na Primeira Revolução Industrial, ocorrida entre 1760 e 1840 tivemos a transição da produção de pequena para grande escala, momento em que a força muscular e artesanal dos agrícolas foi substituída pela energia mecânica de ferrovias e máquinas a vapor (Schwab, 2016). Já a Segunda Revolução, iniciada no final do século XIX, foi marcada pela introdução da eletricidade nos sistemas produtivos; assim, desenvolveram-se indústrias químicas, elétricas, além da produção de aço, alumínio e a invenção do telégrafo – fatores que permitiram a exploração de novos mercados e a aceleração do ritmo industrial (Boettcher, 2015). Além disso, com a introdução da produção em massa por Henry Ford, criou-se o conceito de produção em escala, reduzindo custos, popularizando produtos e criando um ciclo virtuoso na indústria e na economia (Almeida, 2019). Por outro lado, a Terceira Revolução Industrial, iniciada no século XX, foi impulsionada pelo desenvolvimento da informática, robótica, telecomunicações, biotecnologia, sendo conhecida como uma revolução "técnico-cientifica-informacional" (Schwab, 2016, p. 17).

Conforme apontado por Eric Hobsbawm (1962), o progresso da ciência não é um simples avanço linear; portanto, cada estágio desse progresso determina a solução de problemas anteriores, e por sua vez coloca novos problemas. Segundo o autor, esse avanço do progresso científico gera "[...] novos problemas, novas maneiras de enfocar os antigos, novas maneiras de enfrentar ou solucionar velhos problemas, campos de investigação inteiramente novos e novos instrumentos práticos e teóricos de investigação" (Hobsbawm, 1962, p. 278).

Schwab (2016) afirma que atualmente estamos vivenciando a Quarta Revolução Industrial, que se iniciou na virada do século XX ao XXI e é decorrente da revolução digital. Ou seja, é resultado da ampliação da conexão móvel e digital, da onipresença da internet, desenvolvimento de tecnologias como IOT (internet das coisas), TICs (tecnologias de comunicação), IA (inteligência artificial), *machine learning* (aprendizado de máquina) e do sequenciamento genético, computação quântica e nanotecnologia. Mas a grande diferenciação dessa revolução não está em abrigar diversas inovações, mas sim na capacidade de fundir essas descobertas. Almeida (2019) pontua que esse modelo da Quarta Revolução Industrial, também conhecida como indústria 4.0, teve início na Alemanha, por volta de 2012, como um programa institucional que envolvia empresas, universidades e governos em busca de atualização tecnológica. Com o passar do tempo, diversos países adotaram esse conceito, que passou a ser tendência universal.

Para confirmar sua teoria de que estamos em uma nova revolução, Schwab (2016) aponta três motivos. Primeiro, porque diante de um mundo globalizado e conectado, as tecnologias têm avançado de forma exponencial, propiciando o surgimento de outras. Segundo, porque essa nova revolução tem atingido a sociedade de maneira ampla e profunda, pois altera o modo como fazemos as coisas. E, por fim, ela tem ocasionado um impacto sistêmico, em caráter global e em todas as esferas da sociedade. Nesse sentido, "[...] as tecnologias digitais surgiram, então, como a infraestrutura do ciberespaço, novo espaço de comunicação, de sociabilidade, de organização e de transação, mas também novo mercado da informação e do conhecimento" (Lévy, 2010, p. 34).

Os primeiros computadores surgiram por volta de 1945 e, como todas as tecnologias da época, eram destinados exclusivamente a usos militares, cálculos científicos e estatística dos Estados. Em 1960 ocorreram os primeiros indícios de disseminação do uso, mas foi tão somente nos anos 1970, a partir da invenção do computador pessoal e da ampliação exponencial de usuários, que vivenciamos "a grande virada" da revolução da tecnologia de informação, gerando novos cursos a processos sociais, econômicos e tecnológicos da sociedade (Castells, 2003).

Segundo Lévy, a primeira revolução na comunicação digital veio a partir do desenvolvimento da *World Wide Web* (www). Então, a ascensão de nova economia digital ocorreu, de fato, a partir dos anos 1990, com a abertura e a disseminação mundial da internet, momento em que ela já estava privatizada e contava com uma arquitetura que permitia a conexão de todas as redes de computadores – a *www* podia funcionar com *softwares* adequados e de fácil disposição (Castells, 2003). Junto dessa ampliação, vivenciamos a explosão informacional-tecnológica e a reconfiguração da economia capitalista. Entretanto, isso não significa que os fundamentos da economia tenham se transformado na "economia digital", mas a universalização da conectividade de forma fácil e segura gerou implicações na forma em que empresas operavam, criando novas facetas de modelos de negócios (Beira, 2002).

Para Carlota Perez (2002), as características das revoluções tecnológicas residem na sua capacidade de gerar novas dinâmicas, produtos e indústrias, ocasionando reviravoltas em todos os setores econômicos e desenvolvimentos de longo prazo. Geralmente, isso envolve insumos de baixo custo, fontes de energia ou processos significativos numa nova estrutura, mudando a fronteira da velocidade enquanto se reduz drasticamente os custos.

Essa nova forma de economia é o espaço em que os bens digitais figuram como atores determinantes nos resultados econômicos de inovação, produção e consumo. Além disso, ela é mais dependente de conhecimento do que antes, não somente na criação e na aprimoração de novos produtos, mas acima de tudo pela necessidade dos consumidores de bens e serviços que auxiliem nessa busca (Qhah, 2003). A mudança tecnológica, portanto, é um fato importante que determina taxas de crescimento econômico, principalmente quando falamos sobre a *weightless economy*[7] ou economia sem peso, que é baseada no conhecimento e em tecnologias de informação (TIC); nela, os produtos e serviços não têm peso, são intangíveis e conectam os consumidores diretamente ao produto (Qhah, 2000). Conforme Srnicek (2018), quando falamos em "economia digital", nos referimos a empresas que cada vez mais dependem da tecnologia de informação, dados e internet para seus modelos de negócio. E, na medida em que mais atividades passam a ser digitalizadas, novas fontes de informação surgem, sendo possível extrair grandes quantidades de informações digitais sobre qualquer tópico em que uma empresa se interesse (Mcafee; Brynjolfsson, 2012).

Esse cenário possibilitou a ampliação da IoT *(Internet of Things)*. Segundo a definição da Internet Society (Rose; Eldridge; Chapin, 2015, p. 07), a internet das coisas é um termo utilizado para se referir a "[...] cenários em que a conectividade de rede e a capacidade de computação se esten-

[7] Sobre a economia sem peso, Quah afirma: "a nova economia sem peso é construída sobre cadeias de informações; eles podem existir no disco rígido de um PC ou em um servidor de internet, podem consistir em um projeto em papel ou mesmo em uma ideia na mente de alguém. A forma que eles assumem é amplamente irrelevante para seu valor. Conseqüentemente, a propriedade intelectual é mais difícil de proteger na nova economia sem peso. Além disso, essas cadeias de informações não se conectam simplesmente a um processo de produção como antes. Em vez disso, os consumidores lidam com eles diretamente; de seu computador, você pode baixar software de computador, entretenimento digital ou usar a Web para comprar consultas de saúde, instrumentos financeiros e outros itens valiosos. E a fruição desses produtos por um consumidor não impede seu consumo ou uso por outra pessoa. Isso é qualitativamente diferente da maneira como os consumidores interagiam com a antiga economia de manufatura" (QUAH, 2000, tradução minha).

dem a objetos, sensores e itens do dia a dia, permitindo que esses dispositivos gerem, troquem e consumam dados sem o mínimo de intervenção humana".

Dessa forma, computadores, telefones, eletrodomésticos, aquecedores, monitores de saúde passaram a ser produzidos com sensores integrados à internet para captar dados. Uma recente pesquisa da IDC (*International Data Corporation*) prevê que até 2025 haverá 55,7B de dispositivos conectados no mundo, sendo que, desses, 75% estarão conectados a plataformas IoT (IDC, 2020). Para Castells (2003), é justamente esse processamento de informação e geração de conhecimento que são as fontes de valor e poder da era da informação. O uso de dados por corporações para aprimorar a prestação de serviços não é algo novo; nesse sentido, as plataformas surgiram a partir das necessidades internas dessas empresas de lidar com cada vez mais dados e tornar-se mais eficientes em extraí-los e analisá-los (Srnicek, 2018).

Nesse espaço em que a informação tem o potencial de gerar novos produtos e serviços, os dados passaram a ser obra-prima para empresas que estruturam seu modelo de negócio para processar e converter esses dados em ativos informacionais, gerando, assim, uma economia movida a dados *(data-driven economy)* (Khan, 2018). Ou, como apontado por Rochet e Tirole (2004, p. 379-380) uma "economia da atenção" (*economics of attention*). Ana Frazão (2018, p. 642) pontua que a economia da atenção está relacionada a um dos grandes dilemas da atualidade: "[...] a alocação de tempo e atenção das pessoas diante de uma miríade de atividades, negócios e relacionamentos possíveis". Segundo Tim Wu (2016), a atenção dos usuários tornou-se um dos maiores bens a serem disputados pelos *players* da economia digital.

Marciano, Nicita e Ramello (2020) explicam que, para entender o valor da *big data* no capitalismo digital, é necessário olhar para trás e compreender o valor da informação como um bem econômico, sendo ela um insumo essencial para o bom funcionamento do mercado – ou seja, a eficiência do mercado, no que tange a alocação de recursos, depende do valor das informações públicas.

Nesse cenário, os dados passaram a representar um vasto novo recurso. Segundo um estudo realizado no MIT Center for Digital Business (2012), quanto mais as empresas se caracterizavam como orientadas por dados, melhor seu desempenho em medidas objetivas de resultados financeiros e operacionais. Ao tratar da importância da *big data* para o crescimento e bem-estar, a OECD (2018) apontou que, embora a inovação baseada em dados tenha se tornado um pilar fundamental para o crescimento do século XXI, o uso de dados cria uma série de impactos e desafios a serem enfrentados.

Essa disruptividade ocasionada pela tecnologia não é algo novo. O ser humano sempre buscou formas de inovar e se adaptar, substituindo métodos tradicionais por outros alternativos. Deu-se assim com a pedra polida, o arco e flecha, o fogo, a roda, a moeda, o papiro e diversas outras ferramentas, que refletiram as necessidades momentâneas da sociedade da época por cada um desses processos inovadores, demonstrando que a tecnologia é fruto de necessidades pré-existentes da sociedade, e que o ser humano inova à medida que necessita superar um desafio que lhe é proposto.

Ainda que esse processo sempre tenha existido, foi nas últimas décadas que ele tomou grandes proporções, sendo perceptível a velocidade desenfreada com que a tecnologia invadiu diversas áreas da sociedade. Tal fenômeno, apesar de parecer novo, já é objeto de estudo há quase um século pelo economista Joseph A. Schumpeter (1982), que analisou de forma brilhante o processo de inovação do ponto de vista econômico. Conforme apresentado por ele, o capitalismo é, por natureza, uma forma de mudança econômica que não é estacionária. As mudanças advêm de novos consumidores, novos métodos de produção, novos mercados ou até novas formas de organização provocadas por revoluções ou guerras. É somente através desses impulsos que a economia se reconfigura e ressurge sob novas formas; e esse processo de mutação em que elementos antigos são substituídos por novos foi chamado de destruição criativa ou destruição criadora.

Vivemos em um momento em que as empresas estão sendo desafiadas a ajustar seus modelos de negócio e adequá-los às novas demandas sociais e ambientais, o que inevitavelmente implica inovação e alterações de seus processos. Segundo Christensen (1997), as tecnologias disruptivas trazem ao mercado novas formas de valor, pois normalmente resultam em novos produtos ou serviços que são tipicamente mais simples, baratos e convenientes para o consumidor. Em relação a esse ponto, Ana Frazão (2018) aponta que o elemento que de fato é inovador ou disruptivo é a internet, responsável por democratizar a liberdade econômica ou a livre iniciativa, sendo ela a plataforma das plataformas, que otimiza e abre espaço para que plataformas digitais se instalem e operem em escala global.

O surgimento do modelo de negócio das plataformas digitais provocou mudanças profundas nas formas como nos comunicamos, transportamos, transacionamos e relacionamos. Perceberemos, no próximo capítulo, que esses efeitos estão relacionados à capacidade de essas plataformas atuarem em múltiplos lados, gerando ecossistemas e produzindo efeitos de redes.

2
DE UMA PLATAFORMA DIGITAL À UMA *BIG TECH*

O modelo de negócios de plataformas digitais é a chave do sucesso das empresas mais bem-sucedidas e isso mudou a lógica de estruturação do funcionamento destas empresas. Entretanto, como veremos neste capítulo, as plataformas não são uma novidade introduzida pelo ambiente digital; são, na verdade, antigas formas de negócio utilizadas nos mais diversos setores da sociedade, como, por exemplo, no mercado romano, em casas de leilões, bazares, listas telefônicas ou shopping centers.

No século XX, as indústrias utilizavam-se do modelo linear de negócio[8], no qual a criação do valor ocorre na criação de bens ou serviços, que são posteriormente vendidos para um cliente. Por um longo período, esses modelos de negócio dominaram o mercado por serem eficientes; eram uma cadeia de suprimentos, "[...] um sistema altamente estruturado para organizar atividades e recursos que movem um produto ou serviço da empresa para o cliente" (Moazed; Johnson, 2016, p. 29), ou seja, o valor flui entre fabricante e cliente. Assim, no negócio linear, há o acréscimo de um novo cliente, um comprador de produtos e serviços. Em contrapartida, quando olhamos para o modelo de plataforma, a adição de um novo usuário representa um relacionamento potencial com vários outros usuários daquela mesma plataforma, o que significa que o crescimento é exponencial, e não linear como no outro modelo (Moazed; Johnson, 2016). Trata-se da essência e uma "simples explicação" de como os modelos

[8] "É o modelo que dominou de várias formas desde a Revolução Industrial, quando novas tecnologias como a energia a vapor e ferrovias deram origem a uma grande organização verticalmente integrada" (Moazed; Johnson, 2016, p. 27, tradução minha).

de negócio de plataforma funcionam, proporcionando a troca constante de valor entre empresas e indivíduos.

As antigas plataformas tornaram-se digitais à medida que vivenciamos a reconfiguração da economia capitalista durante a explosão informacional-tecnológica da Quarta Revolução Industrial. Srnicek (2018) aponta que, cada vez que surge uma crise, o capitalismo tende a ser reestruturado; assim, novas tecnologias, formas de organização, novos mercados ou formas de exploração surgem para criar formas de acumular capital. Essa transformação nos modos de produção, compartilhamento e de difusão de bens e serviços permite a interação dos usuários uns com os outros. Entenderemos, ao longo deste capítulo, os arranjos que fazem com que as plataformas digitais sejam um modelo de negócio tão poderoso a ponto de criar o que os autores definem como um "capitalismo de plataforma"[9] – espaço em que empresas se utilizam cada vez mais de *big data* e algoritmos eficientes para dominar o espaço e "ganhar tudo". Nesse sentido:

> O capitalismo de plataforma é baseado no acesso exclusivo a big data na capacidade de plataformas de capturar usuários finais por meio de perfis algorítmicos eficientes. É tudo sobre dados, mas à medida que a eficiência das plataformas e os obstáculos à entrada crescem com a dimensão das plataformas, reguladores e polimadores levantarão a questão da eficiência dinâmica em um mundo onde a informação não é mais um bem público em mercados abertos e onde a interação dos consumidores reduz os incentivos para trocar de plataforma. (Marciano; Nicita; Ramello, 2020, p.346).

Um exemplo clássico trazido por Moazed e Johnson (2016) ao abordar os monopólios modernos é a história de como a Apple substituiu a Nokia e Blackberry no topo do mercado da tecnologia móvel. Embora existam muitas teorias sobre o declínio de tais empresas, os autores o atribuem ao fato de essas empresas pensarem como empresas de produtos em um mundo de plataforma. A Apple assumiu protagonismo quando deixou de ser uma empresa fabricante de hardware e software e tornou-se uma empresa que oferece plataformas, por meio de iOS, iTunes, App Store, Apple Music etc., conectando compradores e vendedores dos mais diversos nichos do mercado digital.

[9] Autores que cunham a expressão: Srnicek (2018), Marciano, Nicita e Ramello (2020), Moazed e Johnson (2016).

A transformação pode ser notada em diversos setores da economia: antes os taxis transportavam passageiros, hoje o Uber conecta os motoristas aos passageiros; os hotéis serviam espaços de hospitalidade, hoje o Airbnb põe hospedes e anfitriões em contato, e isso não requer que essas empresas tenham sequer uma frota de taxis ou de hotéis (Guttentag, 2013; Davies *et al.*, 2017; Stabrowski, 2017).

Assim, diversas empresas dominantes no mercado transitaram para o modelo de negócio de plataformas digitais que fornecem uma infraestrutura digital que permite a interação de diferentes usuários. Mas para além disso, as *big techs* assumem cada vez mais posições de poder para mediar as mais diversas interações de nossa vida cotidiana. Assim, as interações econômicas e sociais ocorrem por intermédio de uma infraestrutura digital que é globalmente interconectada.

Esse fenômeno é apontado pelos autores José Van Dijck, Thomas Poell e Martijn de Waal (2018) como a "plataformização da sociedade", em que as plataformas passam a ser produtoras das estruturas sociais em que vivemos. Muitos dos nossos setores sociais, seja transporte, saúde, educação ou jornalismo, têm se tornado quase inteiramente dependentes das infraestruturas digitais providenciadas pelas cinco grandes empresas de plataformas dos Estados Unidos: Google (Alphabet), Amazon, Facebook, Apple e Microsoft. Segundo os autores, a "[...] ascensão da 'sociedade de plataforma' pode ser caracterizada como uma série de confrontos entre diferentes sistemas de valores, contestando o equilíbrio entre os interesses privados e públicos".

À medida que as plataformas continuam a penetrar em mais setores da sociedade, há a produção de um Estado do bem-estar privatizado, no qual as nossas atividades cotidianas são subsidiadas por grandes empresas de tecnologia, que passam a ser cada vez mais percebidas como blocos poderosos (Van Dijck; Nieborg; Poell, 2019). Nesse sentido, autores como Pierry Levý (2020) e Martin Moore (2018) apontam a instauração do "Estado plataforma" ou da "democracia de plataforma", em que as plataformas deixam de ser meras facilitadoras ou intermediárias e tornam-se utilidades públicas, assumindo, assim, uma nova forma de poder político e econômico, com funções tradicionais do Estado.

Assim, o modelo de negócio de plataforma digital faz com que as empresas atuem em múltiplos lados, gerando ecossistemas e produzindo efeitos de redes, e daí resulta parte de sua dominação econômica. Mas para além disso, veremos que, dentro desse ecossistema, vão se gerando novos conglomerados e plataformas dentro de plataformas, como é o caso, por exemplo, de algumas *big techs*, que, ao exercerem a função de intermediadoras de conteúdo, assumem o poder de informar e o poder cívico – desempenhando um papel importante na organização das sociedades e assumindo uma espécie de dominação política.

Os valores em jogo não são apenas econômicos e sociais, mas inevitavelmente políticos e ideológicos, razão pela qual também precisamos olhar para o papel que as plataformas on-line desempenham na organização de sociedades em uma ordem mundial globalizante (Van Dijck; Nieborg, Poell, 2018). Entretanto, nesse primeiro momento, precisamos compreender o que constitui uma plataforma digital e seu ecossistema, para depois buscar delinear de que forma as plataformas digitais representam novas formas de poder.

2.1. Arranjos e características de uma plataforma digital

Conforme pontuado pelos autores Michael Cusumano, Anabelle Gawer e David Yoffie (2019), na obra *Businnes of Plataform*, o significado de plataformas pode ser utilizado em diversos contextos: os políticos, por exemplo, competem em plataformas ideológicas, as pessoas pegam trens em plataformas que as reúnem para acessar um transporte compartilhado, as empresas criam plataformas de produtos. Mas, no final das contas, as plataformas em geral têm como objetivo conectar indivíduos e organizações em um propósito comum.

Mas as plataformas não são uma novidade propriamente dita, conforme explica Ana Frazão (2018). Elas já estavam presentes na economia real, como é o caso de feiras de hortifrutigranjeiros e supermercados, que aproximam os produtores dos consumidores finais. Rochet e Tirolle (2003) aponta que as plataformas não são um fenômeno peculiar do ambiente digital, e a internet não foi a responsável pela criação de plataformas, mas sim por torná-las mais penetrantes. Quando focamos nas plataformas que surgiram junto do computador pessoal, é possível depreender a amplificação do conceito de conexão. Isso porque, nesse modelo, o crescimento pode ser proporcional ao poder da internet, em uma escala cada vez mais grandiosa e não linear (Cusumano; Gawer; Yoffie, 2019).

A primeira onda das plataformas ocorreu entre 1980 e o início de 1990, quando Microsoft, Intel e Apple, juntamente à IBM, transformaram o computador pessoal em uma das primeiras plataformas digitais do mercado de massa, o que fez com que a indústria se separasse em diversas camadas: semicondutores, *hardware* de computadores, sistemas de software, software de aplicativos e vendas de serviços. A segunda onda ocorreu na década de 1990, quando surgiram as empresas Amazon, Google, e Yahoo, nos Estados Unidos, e Alibaba e Tencent, na China, que promoveram a dispução em diversos setores. Na década seguinte, as empresas de mídia social como Friendster, Myspace, Facebook, LinkedIn e Twitter utilizaram das plataformas para oferecer novos meios para usuários interagirem e para empresas atingirem clientes. As mais recentes Uber e Airbnb usam as estratégias do modelo de negócio de plataforma para ampliar a economia de compartilhamento (Cusumano; Yoffie; Gawer, 2020).

Para Srnicek (2018), as plataformas de internet são, em resumo, novos tipos de empresas que oferecem infraestrutura para fazer a intermediação entre usuários diferentes e, na maioria dos casos, permitem que seus usuários construam seus próprios produtos, serviços e transações. Ou seja, a plataforma fornece uma infraestrutura aberta para interações, com condições de governança, permitindo, assim, a criação de valor para todos os participantes (Parker; Alstynem; Choudary, 2016). Portanto, conforme explicado por Ana Frazão (2018), as plataformas são um modelo de negócio próprio que possibilita a criação de sistemas de interações escaláveis, com efeitos de rede e de conectividade.

Não há consenso sobre a definição do termo *plataformas digitais*. Cusumano, Gawer e Yoffie (2014, p. 1240) adotam o conceito de "plataforma tecnológica" como organizações ou metaorganizações que: "(1) coordenam agentes constitutivas que inovam e competem; (2) criam valor ao gerar e atrelar economias de escopo na oferta e escala na demanda, e (3) implicam uma arquitetura modular composta de um núcleo e uma periferia". Jin (2015) define o termo *plataformas* como "intermediários digitais", compostas não apenas de uma arquitetura de *hardware*, mas de um modelo de software que permite o funcionamento de outros programas.

Para Marcos Francisco de Lima e Jonas Valente (2020, p. 04), "[...] mais do que apenas intermediários, as plataformas operam uma mediação ativa e que se expande por cada vez mais atividades sociais". O significado adotado por esta pesquisa é sintetizado por Valente (2020, p. 70), para quem:

> As plataformas digitais são sistemas tecnológicos que funcionam como mediadores ativos de interações, comunicações e transações entre indivíduos e organizações operando sobre uma base tecnológica digital conectada, espe-

cialmente no âmbito da Internet, provendo serviços calcados nessas conexões, fortemente lastreados na coleta e processamento de dados e marcados por efeitos de rede.

Embora muitas pessoas apenas olhem as plataformas como ferramentas tecnológicas que nos permitem conversar com amigos, pesquisas informações, comprar produtos e serviços ou nos locomover, a proposta aqui é demonstrar que por de trás da interface dessas ferramentas sociais, existe um sistema complexo e estruturado que molda a forma como vivemos e nos organizamos socialmente. Portanto, nos próximos tópicos adentraremos em cada uma dessas características que tornam as plataformas de tecnologia tão poderosas.

2.1.1. *Gatekeepers* (poder de porteiro)

O Comitê Judiciário da Câmara dos Estados Unidos realizou um extenso estudo sobre os diversos aspectos em torno das plataformas digitais, e embora elas se diferenciem em diversos pontos, compartilham estruturas comuns. Uma dessas particularidades é a atuação como porteiro em canais de distribuição (EUA, 2020). O poder de porteiro de uma plataforma consiste na capacidade delas de servir como infraestruturas para os mercados digitais, controlando tecnologias das quais outras empresas dependem para fazer seus negócios (Khan, 2018). Assim, ao invés de essas empresas tentarem construir um mercado do zero, as plataformas proporcionam uma infraestrutura básica para mediar diferentes grupos, e daí decorre sua vantagem sobre outros modelos de negócio (Srnicek, 2018).

Em suma, os *gatekeepers* são capazes de expandir as opções para empresas e consumidores; isso porque a empresa pode oferecer e pagar para anunciar seus preços na internet, ganhando acesso de consumidores distantes, assim como os consumidores podem ter acesso a uma gama maior de produtos e serviços (Baye; Morgan, 2001). Assim, essas plataformas criam posições de poder e controle no ecossistema digital, lhes dando influência sobre as transações econômicas entre intermediários e usuários (Van Dijck; Nieborg; Poell, 2019).

Nesse sentido, Emily Laidlaw (2010) diferencia dois tipos de *gatekeepers* da internet, os porteiros que controlam o fluxo de informações e os IIGs (Internet Information Gatekeeper), que, como resultado desse controle, impactam a participação e deliberação na cultura democrática. Segundo Martin Moore (2016), essa definição permite a separação dos *Internet Information Provider*, que apenas fornecem acesso a serviços, dos *Internet Information Gatekeepers*, que estruturam, filtram, priorizam e apoiam a comunicação da informação.

Esse fenômeno já era observado com as grandes (e poucas) agências responsáveis pelo monopólio de notícias, que selecionavam e organizavam as informações para os meios de comunicação, desempenhando o papel de *gatekeeper* de notícias mundiais. Mas o panorama mudou. Conforme apontado no relatório *Digital 2021: Global overview report*, quase dois terços dos usuários da internet em todo o mundo afirmam que a principal motivação para o uso da internet é a busca de informações, e aproximadamente 45% dos usuários apontam que recorrem às redes sociais para buscar informações sobre produtos ou serviços que pretendem comprar (We Are Social; Hootsuite, 2021).

As discussões sobre a atuação das plataformas como porteiros de canais de distribuição, surgem a partir do controle que elas adquirem a partir dessa atuação, conforme apontado no relatório *Investigation of competition in digital markets*, ao controlar acesso a mercados, as plataformas tem o poder de escolher vencedores e perdedores em toda a economia e por vezes elas abusam desse poder, cobrando taxas exorbitantes, impondo termos contratuais opressores e extraindo dados das pessoas e empresas que delas dependem. Além disso, para manter seu poder de mercado, as plataformas podem utilizar dessa posição de intermediário para: 1) monitorar a infraestrutura digital, identificando possíveis rivais e os comprando, copiando ou eliminando essas ameaças; 2) acumular e expandir seu domínio, por meio de autopreferência, preços predatórios, ou condutas excludentes (EUA, 2021). Isso significa, em outras palavras, que as plataformas dominantes podem usar de seu poder de porteiro para tornar-se mais dominantes e limitar a capacidade de comerciantes terceirizados de alcançar usuários de forma independente (Khan, 2018).

Para exemplificar, vejamos o exemplo das diversas reclamações feitas à divisão de concorrência da UE contra a Apple por exigir um lucro de até 30% das vendas feitas por aplicativos de terceiros, como Spotify, Epic Games ou Telegram (Singh, 2021). Em março de 2021, a Epic Games ingressou com uma ação antitruste contra a Apple por ter seu jogo removido da App Store após adicionar um mecanismo de pagamento direto ao seu jogo *Battle Royale Fortnite*, violando as regras da Apple que atua como intermediadora dessas transações (Peters, 2021).

Outro exemplo deriva também do poder do Google, Facebook e Amazon, que juntas capturam quase 70% dos gastos em dólares com publicidade digital, representando cerca de US$ 73 bilhões de dólares (Sterling, 2019). Portanto, para empresas menores que buscam alcançar usuários e consumidores, essas plataformas são intermediários importantes, sendo comparados, nas palavras de Khan (2018) "as ferrovias do século 21". E isso significa que, em muitos casos, as plataformas são a única opção, tornando os comerciantes altamente dependentes delas. De acordo com um estudo realizado pela Comissão Europeia (European Commission, 2017b), os usuários de negócios indicam que "[...] muitas vezes não existe alternativa viável para essas plataformas principais devido à sua escala, alcance geográfico e ao número de (potenciais) clientes ativos nas plataformas". Exemplificando, é o caso de desenvolvedores de aplicativos que dependem da plataforma de sistemas operacionais de celular do Google ou Apple, ou vendedores e autores que dependem da plataforma de comercialização e publicação da Amazon (Stucke, 2018).

2.1.2. Mercados de múltiplos lados e os efeitos de rede

Conforme observamos nos outros tópicos, uma das principais características das plataformas digitais é a disponibilização de um espaço de troca e conexão entre usuários. Segundo a literatura econômica, essa capacidade é denominada como mercado de múltiplos lados ou mercado de dois lados. Essa conceituação foi identificada pela primeira vez em 2001 por Jean Charles Rochet e Jean Tirole, quando os autores usaram o termo *mercado de dois lados* para se referir a situações em que empresas atendiam a pelo menos dois grupos interdependentes de clientes. Assim, os autores propuseram uma definição formal:

> Os mercados de dois lados (ou de vários lados) são definidos de "grosso modo" como mercados nos quais uma ou várias plataformas permitem interações entre usuários finais e tentam obter os dois (ou múltiplos) lados "a bordo" carregando apropriadamente cada lado. Ou seja, as plataformas atuam em cada lado enquanto tentam ganhar, ou pelo menos não perder, dinheiro em geral. (Rochet; Tirole, 2004, p.2)

Para Evans e Shmanlensee (2019, p. 668), a terminologia *mercado de dois lados* é sinônima das *plataformas de dois lados*, que se determinam pela criação de valor ao reunir dois ou mais usuários, como anunciantes, vendedores e compradores, facilitando a interação entre eles. Nessa mesma linha, a Organização para a Cooperação e Desenvolvimento Econômico (OECD) justifica a adoção da terminologia de *mercado de múltiplos lados* porque:

> Embora a multidimensionalidade comece com dois lados (em que consumidores e vendedores se encontram em uma plataforma), isso é apenas o começo, e muitos desses mercados têm três lados (consumidores, fornecedores de conteúdo, e anunciantes) e alguns até têm quatro (por exemplo, em cartões de pagamento) ou mais. (OECD, 2018, p. 10).

Ana Frazão (2018) ainda adverte que nada impede que alguns negócios iniciem sua configuração de forma diversa, para que após um período se transformem em uma plataforma, e aponta a Amazon como um exemplo que operava como revendedora de livros e com o tempo se tornou uma plataforma que conecta vendedores e compradores. A autora complementa que esse tipo de mercado se caracteriza por promover a interação de modo que viabilize a alteração do volume de transações mediante a alocação de maiores custos para um lado ao mesmo tempo em que reduz o custo para o outro, e é por isso que as plataformas possuem mais utilidade quando operam em mais lados (Frazão, 2018).

Nesse espaço, as plataformas digitais de múltiplos lados exercem o papel de mediadoras entre dois ou mais grupos distintos de usuários, onde cada um recebe ou oferece serviços ou produtos. Para exemplificar, vejamos o Google Search, que intermedia usuários, anunciantes e proprietários de websites (Monteiro, 2017). Outro exemplo são os videogames: a interação ocorre quando um comprador (jogador) adquire um jogo desenvolvido pelo vendedor (fabricante) e o reproduz usando o console desenvolvido por uma plataforma. Do mesmo modo, um sistema operacional possui uma interação quando um comprador (usuário) compra em uma plataforma um aplicativo desenvolvido por um vendedor (desenvolvedor). Já no caso das interações entre um "telespectador" e um anunciante, elas são mediadas por plataformas intermediadoras de conteúdo e ocorrem quando o visualizador lê o anúncio (Rochet; Tirole, 2004). Nesse mesmo sentido, Ana Frazão (2018, p. 645) exemplifica no seguinte trecho os diferentes papéis que as plataformas podem promover na interação entre os indivíduos:

> As plataformas que viabilizam relações sem natureza lucrativa ou econômica, normalmente baseadas na possibilidade de cooperação para a troca de

favores ou até para ações solidárias; (ii) as que propiciam interações econômicas entre partes com igual poder de barganha, facilitadas por plataforma digital que possibilite a conclusão do negócio jurídico; e (iii) aquelas plataformas, que assumidas por um agente empresarial, não apenas possibilitam negócios jurídico, mas também controlam o conteúdo desses negócios, limitando consideravelmente o grau de autonomia dos usuários.

Conforme apontado, o poder de uma plataforma está relacionado com o potencial de crescimento e controle de uma parte do mercado. Mas a capacidade de exercer esse grau de controle só é possível em decorrência dos chamados "efeitos de rede" ou "autorreforço dos dados". Michael Cusumano, Anabelle Gawer e David Yoffie (2019) apontam que as discussões sobre os mercados de plataforma começam pelos seus efeitos de rede, pois, ao adquirir mais usuários ou inovações, como aplicativos, softwares ou armazenamentos de conteúdos, elas geram *loops* de *feedback* positivo (efeitos de rede), gerando o aumento de usuários ou complementos, o que, por sua vez, torna as plataformas cada vez mais poderosas.

> Resumidamente, isso significa que a utilidade de uma plataforma de indústria pode crescer com o poder da rede: cada usuário adicional, pelo menos teoricamente, pode se beneficiar do acesso a todos os outros usuários e inovações já disponíveis por meio da plataforma. O que temos, então, é um valor prático e econômico que pode aumentar não por simples adição, como na adição de um usuário ou inovação por vez, o que ocorre nos modelos convencionais de negócios. Em vez disso, o valor com as plataformas pode aumentar geometricamente se cada usuário adicional puder se conectar a todos os outros usuários ou se beneficiar de todos os Outros produtos e serviços inovadores já acessíveis aos membros da rede. (CUSUMANO; GAWER; YOFFIE, 2019, p. 18).

O valor para essas plataformas, em um mercado de múltiplos lados, são os usuários, enquanto para outros negócios usuais é a comercialização de bens ou serviços (FRAZÃO, 2018). Desse modo, Evans e Schmalensee (2016) apontam que os efeitos de rede estão relacionados à quantidade de clientes que estão utilizando um determinado serviço – ou seja, quanto mais cresce o número de usuários de uma plataforma, mais ela atrai outros clientes, que atrairiam ainda mais. Trata-se de ciclos de *feedback* positivo que tornam as plataformas mais valiosas e atrativas para um número cada vez maior de usuários (Figura 1).

Figura 1 – O número de conexões aumenta rapidamente com a entrada de novos usuários

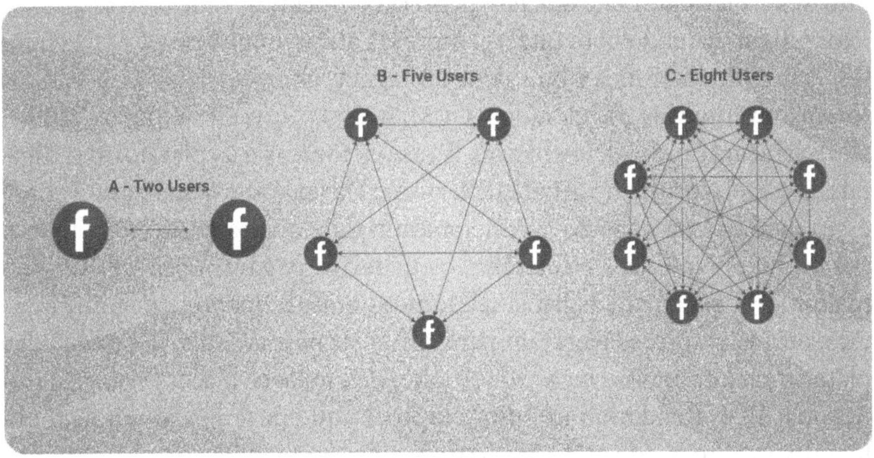

Fonte: Elaboração própria.

Ana Frazão ensina que há duas modalidades de externalidades que são capazes de produzir os chamados efeitos de rede. A primeira é a externalidade de uso (*usage externalities*), na qual os ganhos são resultado da interação entre usuários. Isso significa que a utilização da plataforma por um usuário gera benefícios para ambos os lados do mercado. O exemplo trazido por Rochet e Tirole (2003) é o cartão de crédito: quanto mais pessoas utilizarem, mais incentivos terão os estabelecimentos para utilizar uma determinada bandeira. A segunda modalidade são as externalidades da participação (*membership externalities*), em que o sistema se torna mais valioso para os usuários de um dos lados quanto maior for a variedade de usuários agregados à plataforma pelo outro lado. É o caso dos aplicativos de delivery de refeições, que passam a ser mais desejados pelos consumidores à medida que mais restaurantes são cadastrados na plataforma (FRAZÃO, 2018). Diante do exposto, os efeitos podem ser diretos e indiretos. No primeiro, os usuários se beneficiam conforme há um maior número de agentes no mesmo lado da plataforma. No segundo, quanto mais agentes há de um lado, mais agentes são atraídos de outro, promovendo um circuito de retroalimentação positiva (EVANS, 2015).

Assim como o poder de *gatekeeper* das comunicações, antes exercido por grandes veículos de comunicação e que hoje estão sob uso das plataformas, os efeitos de rede não são exclusividade de negócios digitais: as ferrovias, telégrafos, telefones, rádio e televisão também já se beneficiaram desse efeito de conexão. Isso ocorria conforme as redes estruturais se expandiam, fazendo com que as empresas atraíssem cada vez mais clientes. A grande diferença é que, com a internet, os potenciais desses efeitos foram amplificados e acelerados (Cusumano; Gawer; Yoffie, 2019).

Ao traçar um paralelo entre as listas telefônicas e as plataformas digitais, Michael Cusumano, Anabelle Gawer e David Yoffie demonstram como esses modelos de negócio já funcionavam de maneira muito semelhante aos de hoje. No caso do telefone, os usuários pagavam por um serviço telefônico e recebiam as listas telefônicas gratuitamente; em contrapartida, outras empresas pagavam para anunciar nessas listas. Já no caso das plataformas, aponta-se o caso da Adobe, que fornece o acesso gratuito ao Acrobat PDF Reader ao mesmo tempo em que desenvolve um negócio lucrativo em torno de softwares corporativos personalizados e ferramentas para edição (Cusumano; Gawer; Yoffie, 2019).

Isso ocorre porque a empresa fornece parte de um produto ou serviço gratuitamente ou a baixo custo para estimular a adoção e, em seguida, cobra por outra parte essencial do produto ou cobra outro lado do mercado. Essa prática de preço zero (*zero-rating*), como veremos adiante, e esses fortes efeitos de rede são um poderoso impulsionador para uma tendência de concentração de mercado em que os vencedores ganham tudo (*winners-take-all*)[10] e deixam uma parcela pequena para os demais participantes.

Assim, quando todos os usuários decidem optar por uma determinada empresa ou tecnologia, ela irá ampliar seu efeito de rede, tornando-se líder no seu nicho. Vejamos o exemplo do Uber: de um lado, estão os motoristas e, do outro, os consumidores. Quanto mais consumidores utilizam o aplicativo, mais motoristas entram na plataforma. Ao ter mais motoristas, o aplicativo ganha mais adeptos, já que o serviço fica mais dinâmico. Para os consumidores, há uma oferta maior e, para os motoristas, mais demanda.

[10] Segundo Adam Hayes (2021), tradução própria): "[...] um mercado em que o vencedor leva tudo se refere a uma economia na qual as empresas com melhor desempenho são capazes de capturar uma grande parte das recompensas disponíveis, enquanto os concorrentes restantes ficam com muito pouco. A prevalência de mercados em que o vencedor leva tudo amplia as disparidades de riqueza porque alguns poucos selecionados são capazes de captar quantidades crescentes de renda que, de outra forma, seriam mais amplamente distribuídas pela população".

Nesse caso, também há repercussões econômicas, pelo fato de que uma maior quantidade de usuários tende a causar uma redução nas tarifas; isso, ao mesmo tempo, estimula a chegada de novos usuários, fomentando o ciclo (EFEITOS..., 2019). Mas os efeitos de rede também podem ser negativos, como foi o caso do MySpace ou até do Blackberry, que tiveram declínios em seus negócios em razão da redução rápida no uso de seus serviços.

Nesse contexto, como resultado das externalidades direta e indireta de rede, as plataformas de múltiplos lados podem levar à concentração de usuários e de seus respectivos dados nas mãos de poucos *players*, e é justamente o uso de *big data* que proporciona um poder de mercado substancial e capaz de potencializar esses efeitos.

2.1.3. Exploração da informação através da coleta de dados

No mercado das plataformas digitais, mais usuários significa mais dados. E como apontamos brevemente nos outros tópicos, o uso de *big data* é essencial para tornar as empresas mais rápidas e poderosas. A exploração de informação pelas plataformas digitais é objeto de debate em doutrinas: por um lado, autores apontam que essa capacidade confere aos agentes econômicos vantagens competitivas, por outro, alguns ainda se questionam se isso pode efetivamente ocorrer.

Conforme apontado por Claire Melamed (2014), os dados são essenciais para as tomadas de decisões. Sem eles, não seria possível dimensionar índices de crescimento econômico, mortalidade, natalidade ou desemprego. Vivemos interconectados e, embora não seja visível aos olhos humanos, as informações são transformadas constantemente em dados. *Big data* se refere à (1) grande dimensão de dados; (2) necessidade de utilizar o poder computacional em grande escala, com softwares e métodos para extrair valor a partir dos dados (OECD, 2015).

De acordo com De Mauro, Greco e Grimaldi (2016), "[...] *big data* é o ativo de informação caracterizado por um alto volume, velocidade e variedade para exigir tecnologia específica e métodos analíticos para sua transformação em valor". Laney (2001) leciona que as três dimensões dos desafios no processamento são os três Vs: volume de dados, velocidade em que são coletados, usados e disseminados, e a variedade de informações agregadas. Uma das principais diferenças entre dados em geral e da *big data* é o valor do tempo, pois ser capaz de processar uma grande quantidade de dados em tempo real é muito mais valioso do que apenas ter acesso a eles; assim, as empresas melhoram a eficiência de produção, preveem tendências de mercado, melhoram a tomada de decisões e aumentam a segmentação do consumidor por meio de publicidade direcionada e recomendações personalizadas (OECD,2015).

Quem nunca pesquisou algum produto em um navegador e minutos depois foi bombardeado de informações sobre esse mesmo produto, só que em plataformas diversas? Ao usar grande parte dos serviços da internet, os usuários deixam "pegadas digitais"[11] que, quando analisadas por *big data,* fazem com que tenhamos uma navegação personalizada.

Isso ocorre porque as plataformas coletam diversas informações de seus usuários, como a quantidade de tempo em que passamos o mouse sobre um botão, o número de dias que um produto fica em uma cesta de compras, como reagimos a postagens, quanto tempo passamos nas redes e quais são nossas preferencias. Em alguns casos, as plataformas rastreiam a atividade do usuário em sites e aplicativos de terceiros; em outros, exploram informações das empresas que utilizam seus serviços (Khan, 2018). Para exemplificar, vejamos a Amazon, que coleta informações sobre os comerciantes que vendem em seu *marktplace,* ou até o Facebook, que, através do *software* Onavo Protect, coletava informações sobre os hábitos dos usuários, tempo gasto em outros aplicativos, sites visitados, dados de tráfego, podendo rastrear quais aplicativos concorrentes desviavam a atenção do seu próprio serviço. Após muitas críticas quanto à privacidade, o Facebook encerrou as operações do software e o retirou de circulação (Alecrim, 2019).

A OECD (2015) aponta que os efeitos de rede, os quais estudamos no tópico anterior, têm um papel central na exploração de *big data* pelas plataformas digitais. Trata-se do efeito de rede derivado de dados (*data-driven network effects*). Esse efeito de rede é resultado de dois *loops* de *feedback*: 1) *loop* de *feedback* de usuário (*user feedback loop*), em que uma empresa com muitos usuários é capaz de coletar mais dados para melhorar a qualidade dos serviços e, em consequência, conseguir mais usuários; 2) *loop* de *feedback* de monetização (*monetisation feedback loop*), que ocorre quando as plataformas exploram os dados coletados para melhorar a segmentação de

[11] As pegadas digitais são os registros e rastros que deixamos para trás sempre que usamos a internet e trazem benefícios e custos. As pegadas digitais que deixamos on-line são maiores do que podemos imaginar e estão sendo usadas, geralmente, para fins comerciais, mas às vezes por outros motivos (Internet Society, 2021).

anúncios, monetização de seus serviços e, como resultado, obtêm recursos adicionais para investir na qualidade dos serviços, o que novamente atrai novos usuários.

Essa prática é comum em mercados de múltiplos lados, melhorando o desempenho de *matchmaking*[12] das plataformas, que, por um lado, oferecem aos usuários o que eles "querem" e, por outro, ajudam os anunciantes a atingir de forma mais acertada públicos segmentados e perfilados (Marciano; Nicita; Ramello, 2020). Portanto, essa capacidade de gerar *loops* infinitos torna as plataformas grandes *players* na economia digital (Figura 2).

Figura 2 – Loopings de feedback

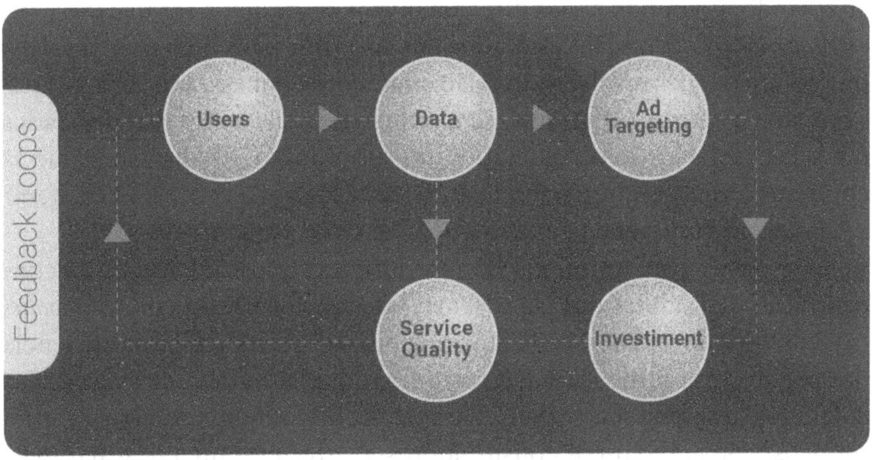

Fonte: Elaboração própria.

Os efeitos de rede de plataformas digitais também aumentam quando elas utilizam da *big data* para a prática do preço zero (*zero rating*), ou seja, a oferta de uma ampla gama de serviços e produtos sem custos, mas mediante a captação de dados pessoais daqueles que utilizam o serviço. Em outras palavras "[...] você recebe de graça uma escova de dente inteligente, mas, em troca, permite que ela colete dados sobre como é usada. São esses

[12] "'Promotores de encontro' ou 'agenciadores' é a definição cunhada por Evans e Schmalensee (2016) para designar companhias que têm como negócio conectar pessoas que querem vender ou ofertar um bem ou serviço a outras com esta demanda ou disposição de consumo. Essa nova categoria vende o acesso de um grupo a outro" (Lima; Valente, 2020, p. 03).

dados que financiarão o custo da escova" (Morozov, 2018, p. 121). Nesse mesmo sentido, o relatório *Data-Driven Innovation: Big Data for Growth and Well-Being* da OECD (2015, p. 25) aponta que

> [...] empresas online frequentemente oferecem seus produtos 'de forma gratuita, mas na verdade envolvem múltiplos custos não pecuniários na forma de fornecer dados pessoais, prestar atenção a anúncios, ou de custos de oportunidade de ler políticas de privacidade.

Os autores Trabucchi, Buganza e Pellizzoni (2017) realizaram um estudo que demonstra que as plataformas geralmente utilizam três estratégias para capturar o valor de dados de seus usuários: (i) *enhanced advertising*: os dados são utilizados para melhorar o mecanismo de publicidade, auxiliando os anunciantes a direcionar suas mensagens aos usuários; (ii) *e-ethnography*: utilização dos dados dos usuários para melhorar serviços ou produtos e desenvolver um relacionamento com esses usuários (aqui, a estratégia não gera diretamente um fluxo de receitas a partir dos dados dos usuários, que são considerados um subproduto – *by-product* – que as empresas utilizam internamente); e (iii) *data trading*: que consiste em gerar receita a partir da venda dos dados dos usuários para terceiros.

Esse processo contínuo já levantou muitas questões acerca da concentração de poderes das plataformas, as transformando em *data-opolies* (monopólios de dados). Verificamos ao longo deste tópico que a eficiência das plataformas aumenta em decorrência dos efeitos de rede e dos dados coletados, que por sua vez auxiliam no melhoramento de algoritmos e serviços, que agradam os consumidores, e estes passam a destinar mais tempo de sua atenção aos serviços, solidificando o poder de porteiro dessas plataformas.

Percebe-se que as plataformas digitais são sistemas tecnológicos complexos; portanto, a seguir apresentaremos uma tipologia das plataformas digitais, uma vez que a sua compreensão passa pelo reconhecimento da multidisciplidade de atividades fornecidas por esse ecossistema.

2.2. Tipos de plataformas digitais

Como vimos ao longo dos tópicos anteriores, o diferencial das plataformas para um modelo tradicional de negócio se dá em razão de fornecerem uma infraestrutura básica para mediar diferentes grupos, assim ela se posiciona entre os usuários e se torna o "terreno" em que as atividades acontecem, podendo operar em qualquer lugar em que haja interação digital (Srnicek, 2018).

Nick Srnicek, autor do livro *Capitalismo de Plataformas,* define as plataformas em cinco tipos diversos: 1) **plataformas publicitárias** (Google e Facebook), destinadas a extrair informação de seus usuários; 2) **plataformas de nuvem** (Amazon), que são proprietárias de hardware e software de negócios que dependem do digital; 3) **plataformas industriais** (Siemens), que produzem hardwares que transformam bens em serviços; 4) **plataformas de produtos** (Spotify e Royce), que geram lucros mediante o uso de outras plataformas para transformar um bem em serviço e cobrar uma taxa de aluguel ou assinatura por ele; e, por fim, 5) **plataformas austeras** (Uber, Airbnb), que reduzem ao mínimo os ativos que são proprietários e obtém lucro mediante a maior redução de custos possíveis. O autor afirma ainda que, embora divididas em categorias, elas podem subsistir conjuntamente dentro de uma empresa (Srnicek, 2018).

Por outro lado, Michel Cusumano, Anabelle Gawer e David Yoffie (2019) dividem as plataformas que surgiram com o computador pessoal, internet e smartphones em dois tipos básicos a depender de sua função principal, sendo elas: **plataformas de transação** e **plataformas de inovação.** Os autores ainda afirmam que as plataformas, em razão do seu sucesso, também podem adotar uma **estratégia híbrida**, integrando os dois tipos de plataformas em um modelo de negócio (Cusumano; Gawer; Yoffie, 2019).

As **plataformas de inovação** oferecem tecnologia, produto ou serviço que serve como fundação em cima da qual outras empresas se desenvolvem. É o exemplo do Microsoft Windows, Google Android, Apple iOS e Amazon Web Services, que servem como plataformas de inovação para produtos e serviços complementares, como aplicativos de smartphone. Já as **plataformas de transação** podem ser comparadas a "mercados on-line" que permitem a troca de bens, serviços e informações. Aqui temos empresas como Amazon, Google Search, Facebook, Uber, Airbnb. Nesse modelo, os usuários ou clientes podem ou utilizar ativos das empresas, como quartos, salas e carros, ou podem conectar-se on-line através das mídias sociais, seja para realizar interações, seja para atrair anunciantes.

Já para os autores José Van Dijck, Thomas Poell e Martijn de Waal (2018), as plataformas podem ser distinguidas entre dois modelos: **plataformas infraestruturais e setoriais.** As **plataformas de infraestrutura** são as mais influentes. Grande parte delas são pertencentes e operadas pelos *big* *five*[13] e formam a base do ecossistema no qual outras plataformas e aplicativos podem ser construídos. Essas plataformas servem como *gatekeepers* nos quais os fluxos de dados são processados, gerenciados e armazenados. Alguns exemplos de serviços de infraestrutura são: motores de busca e navegadores, servidores de dados e dados em nuvem, e-mail e mensagens instantâneas, redes sociais, redes de publicidade, lojas de aplicativos, sistemas de pagamento, serviços de identificação, análise de dados, hospedagem de vídeo, serviços geoespaciais e de navegação e um número crescente de outros serviços. O segundo tipo, **plataformas setoriais**, atende a um determinando setor ou nicho, como, por exemplo, notícias, transporte, alimentação, educação, saúde, finanças ou hospitalidade. Algumas das maiores plataformas setoriais não possuem bens, funcionários nem ao menos oferecem produtos ou conteúdo, atuando apenas como conectores entre usuários e provedores. Dois exemplos clássicos são o AirbnB e Uber.

Assim como proposto por Michel Cusumano, Anabelle Gawer e David Yoffie (2019), as classificações de Van Dijck, Poell e Waal não são fixas ou definidas, ou seja, segundo apontado pelos autores, essas classificações passam por uma dinâmica constante que as leva a uma integração. Isso porque é natural que as plataformas de infraestrutura, por exemplo, busquem expandir seu poder e influência ao oferecerem serviços setoriais. Dessa maneira, grandes empresas de tecnologia passam, cada vez mais, a acumular poder tecnológico e econômico a partir da combinação de plataformas setoriais e de infraestrutura (Figura 3).

Essas frequentes aquisições e fusões demonstram o que os autores denominam como um sistema estelar ou um ecossistema de plataforma, em que algumas plataformas giram em torno de um punhado de outras maiores. (CUSUMANO; GAWER; YOFFIE, 2019). Segundo o relatório *Visualizing Tech Giants' Billion-Dollar Acquisitions*, elaborado pela CB Insights, nos últimos 30 anos as gigantes de tecnologia FAAMG[14] fizeram coletivamente mais de 800 aquisições de outras plataformas tecnológicas, como é o exemplo do LinkedIn (adquirido pela Microsoft por US$ 26,2 bilhões), o WhatsApp (adquirido pelo Facebook por US$ 22 bilhões) e o YouTube (adquirido pelo Google por US$ 1,7 bilhão) (CB INSIGHTS, 2019).

[13] Expressão utilizada para se referir as Big techs Apple, Facebook, Alphabet, Microsoft e Amazon.

[14] Em ordem: Facebook, Apple, Amazon , Microsoft e Google

Ana Frazão (2018) aponta que todas essas empresas têm em comum o fato de não deterem diretamente os meios de produção, mas de criarem os meios de conexão entre os indivíduos que os detêm e os consumidores. Segundo a autora, é disso que decorre a multiplicidade de negócios a que essas plataformas podem se dedicar: prestação de serviço (Uber e Airbnb), venda de produtos (Amazon, Mercado Livre e Ebay), pagamentos (Paypal, WhatsApp Pay), *social networking* (Facebook, LinkedIn, Tinder, Twitter), comunicação (WhatsApp, Skype, Zoom, Dropbox, Snapchat) entre outros inúmeros modelos.

Independentemente das diferenças entre as classificações pontuadas anteriormente, observa-se o consenso de que o modelo de negócio de plataformas digitais é capaz de gerar mais poder e dominação de mercado. Conforme pontuado por Marciano, Nicita e Ramello (2020), a eficiência das plataformas digitais está interligada com a extensão dos mercados que atendem e com a ampliação do escopo dos seus serviços. Dessa forma, elas passam a captar a atenção e o tempo do consumidor a partir de uma promessa de satisfazer as suas necessidades por meio dos seus próprios serviços. Além disso, a sua capacidade de produzir efeitos de rede e o valor dos dados que coleta (que melhoram a eficiência dos algoritmos e o bem-estar dos consumidores) são fundamentais para as colocar em uma posição estratégica e de poder.

Figura 3 – Infraestrutura de serviços das *big five*
(em ordem: Apple, Facebook, Alphabet, Microsoft e Amazon)

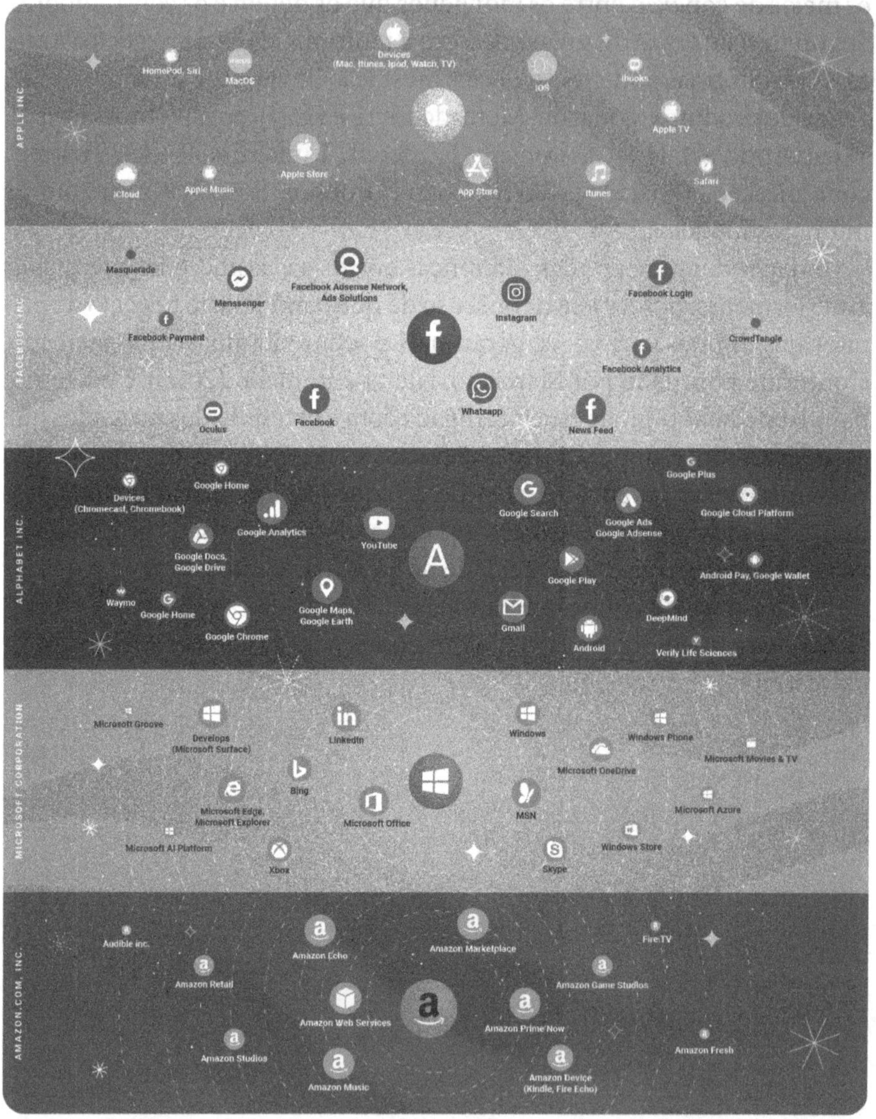

Nota: Os diferentes serviços são representados proporcionalmente dependendo da importância da plataforma no ecossistema.
Fonte: Elaboração própria.

3
QUANDO O PODER ESTATAL ENCONTRA UMA *BIG TECH* EM SEU CAMINHO: RELAÇÃO ENTRE O ESTADO E AS *BIG TECHS* NA ATUALIDADE

Como vimos nos tópicos anteriores, as plataformas não podem ser vistas apenas como elementos isolados, mas sim como partes de um ecossistema de plataforma, definido por Srnicek (2018) como um conjunto de plataformas em rede, governadas por um conjunto particular de mecanismos que moldam as práticas cotidianas. O ecossistema ocidental é operado principalmente por um punhado de grandes empresas de tecnologia, as *big techs* (Alphabet-Google, Apple, Facebook, Amazon e Microsoft), cujos serviços de infraestrutura são centrais para o design geral do ecossistema e a distribuição dos fluxos de dados. Conforme apontamos no capítulo anterior, embora os modelos de negócio dessas cinco empresas sejam diferentes, elas têm em comum o fato de não deterem diretamente os meios de produção, mas de criarem os meios de conexão entre os indivíduos que os detêm e os consumidores. Além disso, elas frequentemente fazem aquisições de outras plataformas, captando a participação do mercado o mais rápido possível.

Recentemente, as empresas divulgaram os resultados dos seus lucros exorbitantes, referentes ao terceiro trimestre fiscal de 2021 e correspondente ao período de abril a junho de 2021.

Tabela 1 – Receita das principais Big techs (2021)

Empresa	Receita
Apple	81,4 bilhões
Alphabet	61,9 bilhões
Microsoft	46,15 bilhões
Amazon	113,08 bilhões
Facebook	29,08 bilhões

Fonte: Elaboração própria a partir de Apple (2021), Alphabet... (2021), Microsoft (2021), Amazon (2021) e Facebook... (2021a).

As maiores empresas de tecnologia do mundo acumulam atualmente grandes níveis de riqueza, influência e presença internacional que antes eram desfrutadas apenas pelos Estados. O "modelo big tech", como denominado por Fernandez (2021), funciona com a extração de renda a partir da posição que as empresas assumem na economia digital, e essa estratégia resulta em lucros estelares e recursos que são utilizados para expandir seus monopólios de plataforma em escala e escopo.

Nesse sentido, as *Big techs* acumulam poder substancial sobre a economia e a sociedade, tornando-se detentoras de grande parte da infraestrutura da internet em relação aos Estados soberanos. Esses atores são "[...] mais do que participantes do jogo da política global, eles costumam ser a própria arena" (Kitchen, 2022). E o crescimento dessas empresas na geopolítica é decorrente da expansão da sua presença e do papel das mídias digitais e sociais (Kitchen, 2022). Nesse sentido, o governo do Reino Unido (United Kingdom, 2020) publicou o *Online Harms White Paper*, em que reconheceu a existência de assimetria de poder entre plataformas e o poder público, visto que o poder e a influência das empresas de tecnologia cresceram a ponto de as plataformas privadas se tornarem semelhantes a espaços públicos.

Van Dijck, Nieborg e Poell (2019) afirmam que as plataformas estão gradualmente se infiltrando em nossa sociedade, produzindo as estruturas sociais em que vivemos. O termo *sociedade de plataforma* cunhado pelos autores dá ênfase aos diversos confrontos decorrentes da penetração das plataformas em cada setor, sejam elas predominantemente públicas ou privadas, organizando valores públicos. Assim, cada vez mais plataformas são desenvolvidas e adentram setores específicos, como, por exemplo, educação, saúde, transporte e hospitalidade, fator que resulta na disputa do benefício privado e ganho corporativo *versus* interesses públicos e benefícios coletivos. Assim, essas empresas "[...] penetraram no coração das sociedades – afetando instituições, transações econômicas e práticas sociais e culturais – forçando, portanto, governos e estados a ajustar suas estruturas legais e democráticas" (Chadwick, 2013; Van Dijck, 2013).

Conforme apontado no relatório elaborado pelo grupo de trabalho em escala de plataforma da Universidade de Stanford (2020), a dominância das plataformas não se restringe apenas ao seu poder econômico, responsabilidade tributária ou aos monopólios digitais. Diversos são os textos que indicam os diferentes tipos de "poder" que as empresas de tecnologia exercem – ou são acusadas de exercer – na sociedade. Dentre eles, salienta-se o papel cívico ou o poder cívico, conceituado por Moore (2016, p. 04) como o "[...] poder de permitir a ação coletiva, o poder de comunicar notícias e o poder de influenciar o voto das pessoas".

As plataformas digitais se tornaram uma arena em que se travam os atuais debates políticos. Em 2019, Mark Zuckerberg, diretor-executivo e fundador do Facebook, publicou um artigo no *Washington Post* reconhecendo a necessidade de regulação de sua plataforma e reconhecendo o poder que ela é capaz de exercer: "Parlamentares me dizem frequentemente que nós temos muito poder sobre discurso, e eu concordo. Eu acredito que não devemos tomar decisões tão importantes sobre discurso sozinhos" (Mark Zuckerberg..., 2019). Ele apontou que a regulação deveria tratar sobre: conteúdo prejudicial (*harmfull content*), debates on-line em períodos eleitorais, proteção de dados e portabilidade de dados.

De maneira similar, o presidente e ex-chefe executivo da Alphabet, Eric Schmidt (Schmidt; Cohen, 2013), declarou que as plataformas de tecnologia como "[...] Google, Facebook, Amazon e Apple, são ainda mais poderosas do que a maioria das pessoas imagina, e nosso mundo futuro será profundamente alterado por sua adoção e sucesso em sociedades em todos os lugares". De fato, as plataformas de mídia ou intermediárias de conteúdo se tornaram a arena de debate e ação política; assim, elas possuem uma capacidade de influência política em larga escala e que, em grande parte, está fora do controle de líderes políticos (Kitchen, 2022).

Os debates sobre o poder das *big techs* normalmente se concentram em seu poder econômico, mas Martin Moore, diretor do Centro de Estudos em Mídia, Comunicação e Poder da Kings College London, trouxe uma nova abordagem, inferindo que o que diferencia essas empresas de outras grandes corporações transnacionais é o seu poder cívico.

No seu livro *Tech Giants and Civic Power* (2016), Moore se propõe a identificar os tipos específicos de poder que as *big techs* estão adquirindo. Para tanto, parte da conceituação de poder preconizada por Lukes (2005b), que afirma que o poder é tanto sobre a criação e controle do ambiente em que as escolhas são feitas quanto sobre uma pessoa ou instituição ativamente direcionando outra para cumprir sua vontade. Para Moore (2016), essa é a forma fundamental em que os intermediários de conteúdo exercem poder, uma vez que essas organizações desempenham um papel significativo e que cresce à medida que os cidadãos adquirem informações, se comunicam entre si, se relacionam com as autoridades e se representam.

As ferramentas digitais fornecidas pelos intermediários capacitam o público a desafiar autoridades, organizar movimentos, protestos e participar mais ativamente da política, fornecendo um "contrapoder". Assim, as plataformas promovem uma simplificação horizontal do engajamento político e da própria comunicação social, em que qualquer um pode participar de interações ao vivo (MOORE, 2016). A professora Nadia Urbinati (2019) explica que a própria ideia de democracia representativa passa por alterações conforme interagimos com a arena digital, e o produto dessa transformação é a democracia de *live stream*, em que representantes e representados se conectam constantemente através da internet. Nesse sentido, os intermediários digitais estão de acordo com a descrição de Castells (2009, p. 194), que vê a mídia de forma mais geral como "[...] o espaço onde as relações de poder são decididas entre atores políticos e sociais concorrentes".

Dessa forma, a terceira dimensão de poder de Lukes é ampliada para reconhecer que "[...] a mídia [interpretada como incluindo a mídia digital] pode fornecer um local para o exercício e resistência ao poder" (FREEDMAN, 2014, p. 05). Mas, enquanto o indivíduo possui um poder limitado, as plataformas possuem o poder de influenciar, aumentar ou restringir a capacidade de uma campanha ou movimento político. (MOORE, 2016).

Moore (2016) identifica, então, seis novos tipos de poder cívico que as plataformas intermediárias de conteúdo, entendidas como plataformas de redes sociais exercem, conforme descrito na próxima seção.

3.1. Poderes de plataforma

3.1.1. O poder de comandar a atenção

As plataformas intermediadoras de conteúdo possuem a capacidade de chegar a indivíduos em qualquer lugar ou momento do dia. A habilidade de captar atenção do público, que antes era exercida por canais e programas de mídia tradicional, foi transferida para as plataformas de intermediários. Para Moore (2016), essa esfera de poder as permite exercer funções importantes na comunicação de informações de interesses públicos e no fornecimento de ajuda e apoio cívico.

O Facebook, por exemplo, durante enchentes que ocorreram no Reino Unido em 2014, optou por direcionar as pessoas afetadas pelas enchentes a voluntários locais. No mesmo ano, lançou o "Safety Check", ferramenta que permite oferecer ajuda e informar aos amigos e familiares que você está em segurança. Após o desastre no Nepal, o Google reabriu sua ferramenta "Person Finder" para ajudar as pessoas a encontrar os feridos, perdidos ou mortos no desastre. O Twitter habilitou o alerta de emergência, que permite que organizações públicas e outras instituições mantenham seus seguidores informados durantes crises e emergências.

O desempenho do papel construtivo exercido pelas *big techs* também é aplicado a eleições nacionais; entre essas ferramentas ressalta-se a adição do botão "Eu votei" durante as eleições de 2010 no Reino Unido e nos Estados Unidos. De acordo com uma pesquisa divulgada pela revista *Nature* (Bond *et al.*, 2012), isso motivou diretamente 60.000 eleitores a irem às urnas nos Estados Unidos, o que, por sua vez, gerou 340.000 votos extras. Em 22 de maio, a página inicial do Google em 2015 na Irlanda disse a seus usuários que eles deveriam #VoteYes no referendo irlandês sobre casamento gay.

Entretanto, Moore (2016) pontua que o uso desse poder de comandar a atenção para promover seu ponto de vista ou serviços faz desses intermediários algo além de plataformas neutras, dando-lhes poder político comparável ao de grandes emissoras. E mesmo que não expressem suas visões políticas, têm o poder de determinar o que deve chamar atenção. Além disso, utilizam de sua capacidade de *gatekeeper*, como vimos no capítulo anterior, para controlar o acesso a conteúdos e serviços, determinando a priorização de conteúdos e termos de usos e até mesmo comprometendo a igualdade de acesso (Moore, 2016).

Nesse sentido, a Apple toma decisões sobre quais aplicativos devem ser permitidos em sua plataforma. O Google determina o que deve estar na primeira página de resultados de pesquisa. Já a Amazon decide por quais critérios seus usuários devem ser capazes de navegar pelos livros. Assim, o autor questiona se as sociedades democráticas precisam se questionar se estão satisfeitas em promover a terceirização de funções de comandar a atenção para bens públicos, comerciais, durante emergências humanitárias, questões de saúde ou de preparação de eleições, e quais mecanismos devem ser implementados se alguma coisa der errado (Moore, 2016).

3.1.2. O poder de comunicar notícias

As plataformas atuam diretamente na disseminação de notícias e na forma como essas informações são expostas (ou não) aos cidadãos. Essa capacidade que antes era exclusiva das grandes empresas jornalísticas passou a ser dividida com as plataformas digitais (Moore, 2016). Bruns (2011) afirma que plataformas de mídia social como Facebook e Twitter servem para acelerar a velocidade em que as matérias noticiosas são compartilhadas, debatidas ou desacreditadas e, ao fazerem isso, fornecem um novo espaço para a troca de opiniões. Segundo pesquisa divulgada pela *Emarketer* (Lebow, 2021), o Brasil é o terceiro país onde as pessoas mais gastaram tempo em redes sociais em 2020, com uma média de quase 4 horas diárias. Além disso, a pesquisa realizada pelo Data Senado (BRASIL, 2019) demonstra a frequência com que os brasileiros usam os meios de comunicação como fonte de informação, sendo que 79% utilizam o WhatsApp, 50%, a televisão, 49%, Youtube, e 44%, o Facebook. Para o autor, trata-se de uma mudança crítica de poder, e é importante os cidadãos estarem cientes de como as informações podem ser filtradas e por quê. Conforme apontado por Emily Bell (2015):

> Os espaços de notícias não são mais propriedade de jornalistas. A imprensa não está mais em responsável pela imprensa livre e perdeu o controle dos principais canais pelos quais as histórias chegam ao público. A esfera pública agora é operada por um pequeno número de empresas privadas, sediadas no Vale do Silício.

Observa-se que cada vez mais a população passou a utilizar as redes sociais para o consumo de informações. Segundo Jolly (2014, p. 32), essa tendência é fruto da mentalidade desenvolvida com o surgimento das mídias sociais que acredita que "[...] se a notícia é importante, vai me encontrar". Conforme a explicação de Thurman, Lewis e Kunert (2019, p. 01), o que lemos, assistimos e outras características de nosso dia a dia está cada vez mais influenciado por modelos matemáticos e pelos sistemas de dados por trás deles. O autor Nicholas Diakopoulos, em seu livro *Automating the News: How Algorithms are Rewriting the Media* (2019), aborda as formas como os algoritmos e a automação estão mudando a mídia de notícias, e como motores de busca e plataformas de mídia desempenham papéis importantes como guardiões de algoritmos, direcionando a atenção humana por meio de seus algoritmos de relevância. Assim, ao determinar o que é visível e o que está oculto, os algoritmos de plataforma desempenham um papel fundamental em como as pessoas desenvolvem seus pontos de vistas e decisões pessoais de saúde, emprego, educação ou política. Segundo o autor, os "[...] algoritmos de mediação de atenção governam a visibilidade das informações online, agindo não apenas como guardiões algorítmicos, mas também servindo para enquadrar questões e definir agendas" (Diakopoulos, 2019, p. 182).

Assim, o domínio de tais plataformas no mercado de atenção gera vantagens sobre as organizações de mídia. O Google e o Facebook geraram juntos US$ 607 bilhões em receita de publicidade nos últimos três anos, estando entre os maiores financiadores corporativos da indústria global de notícias (Coster, 2021). E Diakopoulos (2019) aponta que Google e Facebook influenciam cerca de 70% de atenção às notícias vindas de fontes externas, e mudanças nos algoritmos das plataformas podem representar quedas marcantes em tráfegos.

Atualmente, as gigantes da tecnologia vêm enfrentando pressões regulatórias, como, por exemplo, na Austrália, que aprovou um projeto de lei que obriga as plataformas digitais a pagarem pelos conteúdos jornalísticos que circulam em seus serviços. A proposta visa resolver perdas de receita de publicidade dos veículos de imprensa para as empresas de tecnologia. Em resposta à lei, o Facebook bloqueou o acesso dos Australianos ao conteúdo de notícias em sua plataforma, o que resultou em uma queda de 13% no tráfego de leitores para notícias (Meixner, 2021). Após uma flexibilização concebida pelo governo, o Facebook retirou o bloqueio, e tanto ele quanto o Google fecharam diversos acordos com empresas de comunicações locais. Cabe salientar que as empresas já faziam contribuições para a indústria de notícia, é o que explica Coster (2021) ao pontuar que as empresas dedicaram US$ 600 milhões para apoiar veículos de notícias em todo o mundo, além de US$ 1 bilhão em 2020 em concessões e acordos para pagar uma variedade de mídias por conteúdo.

Diakopoulos (2019) afirma que, ao veicularem notícias, plataformas digitais exercem poderes amplos, desde a formação de opinião pública durante as eleições até moderação de discurso para ditar as condições sob quais as organizações de notícias disseminam conteúdo. Para o autor, as práticas jornalísticas tradicionais como verdade, verificação, lealdade ao público e a motivação pelo interesse público podem não ser empregadas em algoritmos. Assim, os algoritmos possuem limitações, a começar pela versão quantificada da realidade em um mundo que é altamente dinâmico: "Qualquer coisa fora dos limites do que é quantificado é inacessível para o algoritmo, incluindo informações essenciais para a tomada de decisões éticas e bem informadas" (Diakopoulos, 2019, p. 04). Para Ana Frazão (2021), é necessário reconhecer que o design de algoritmos para viabilizar processos decisórios equipara-se à formulação de políticas sociais, razão pela qual é necessário adotar cuidados inerentes a tais atividades.

3.1.3. O poder de permitir ações coletivas

Plataformas como Facebook, Twitter, WhatsApp, Instagram e outras ferramentas digitais, se mostraram muito importantes para campanhas e movimentos sociais do século XXI. Atualmente, a maioria das pessoas utiliza essas plataformas para buscar apoio, engajamento cívico, iniciar debates e externar situações ocorridas no cotidiano. Os usuários utilizam-se das interações para mostrar apoio político ou solidariedade, e, assim, redes de apoio são formadas (Moore, 2016).

Como essas plataformas são dominantes e globais, os movimentos são capazes de obter alcance rapidamente. Alguns exemplos são o movimento #MeToo, contra a cultura de assédio sexual no principal cenário do cinema mundial, o uso da hashtag #BlackLivesMatter em mídias sociais após a absolvição de George Zimmerman pela morte a tiros do adolescente afro-americano Trayvon Martin e a morte de George Floyd por um policial nos Estados Unidos, o desafio do balde de gelo que, em apenas um mês e meio de ação, arrecadou 115 milhões de dólares para a Associação Americana de Esclerose Lateral Amiotrófica, e até mesmo a queda de Mubarak na revolução do Egito.

Moore (2016) afirma que a capacitação de pessoas para se unir e coordenar ações de mudança política tem grande potencial de aumentar a participação cívica, habilitando e acelerando a ação coletiva, diminuindo obstáculos para apoiar questões políticas e impulsionando a arrecadação de fundos para pautas como o meio ambiente ou liberdades civis. Entretanto, ao mesmo tempo, os intermediários acumulam um grande poder de ativar ou desativar ações coletivas, inclusive "[...] podem, se quiserem, trabalhar com as autoridades, aberta ou veladamente, para identificar os participantes da ação e seus líderes" (MOORE, 2016, p. 38). É o exemplo do movimento Stop the Steal, promovido pelos aliados políticos de Trump e que culminou na invasão do Capitólio (MOORE, 2016).

As plataformas estariam, novamente, substituindo o papel da imprensa em termos de campanha e coordenação. Antes, campanhas sobre assuntos de importância cívica teriam começado em jornais, mas hoje é muito mais provável que uma campanha para arrecadar fundos ou encontrar pessoas desparecidas comece pelas redes sociais (MOORE, 2016). Zeynep Tufekci (2014) afirma que:

> A mídia social, um aspecto integrante de todos esses movimentos, não é uma mera "ferramenta" isso é externo à estrutura organizacional e cultural desses movimentos. Em vez disso, tornou-se cada vez mais claro que a comunicação é uma forma de organização, e a forma de comunicação interage fortemente com a forma de organização.

Moore aponta preocupação a respeito de como as informações de tais movimentos são captadas, usadas ou para quem são repassadas. Além disso, questiona se as sociedades democráticas deveriam considerar se os cidadãos precisariam de maior proteção para exercer sua livre associação. E acrescenta que as plataformas precisam ser mais transparentes quando trabalham em cooperação com autoridades públicas, além de precisarem estabelecer princípios pelos quais elas permitiram ou não a organização de ação coletiva (MOORE, 2016).

3.1.4. O poder de dar a voz às pessoas

O poder das redes sociais está relacionado com a capacidade de promover a livre expressão. A era digital promove a cultura democrática e demonstra a importância da participação, compartilhamento e da criação, bem como da própria fala (MOORE, 2016). Eric Schmidt e Cohen (2013) escreveram que a internet é um lugar "[...] onde qualquer pessoa com acesso à Internet, independentemente do padrão de vida ou nacionalidade, tem voz e o poder de efetuar mudanças".

Moore (2016) discorre que, ao longo da última década, os intermediários de informação tornaram-se um meio muito poderoso de dar voz às pessoas. Entretanto, mediante pressões culturais, governamentais e comerciais, as empresas passaram a instituir mecanismos mais aprimorados para a remoção de pessoas e conteúdos que transgridam seus termos de uso. Embora tais empresas tenham tal prerrogativa como empresas privadas, a moderação de conteúdo torna-se uma questão social mais ampla, pois há uma transparência limitada dos princípios utilizados para realizar a retirada de conteúdos on-line. Ou seja, essas organizações podem dar voz às pessoas, mas também podem retirá-la (MOORE, 2016). O jornal britânico *The Guardian* reportou que, em 2019, a comunidade LBGT e mulheres não-brancas sofriam danos devido à redução de alcance de suas publicações na plataforma Instagram, sem qualquer notificação (JOSEPH, 2019). Já o TikTok foi denunciado em 2020 por instruir moderadores de conteúdo a reduzir o alcance do conteúdo de usuários que eram considerados pouco atraentes ou de casas que continham paredes com pintura danificada; além disso, as instruções também incentivavam a censura de discursos políticos em transmissões ao vivo e o banimento da plataforma daqueles que prejudicassem a "honra nacional" ou transmitissem vídeos sobre órgãos de Estado, como a polícia (BIDDLE, RIBEIRO, DIAS, 2020).

A moderação de conteúdo pode ser exercida por diversos motivos, objetivos ou formas, mas uma característica em comum entre essas variáveis é que a maior parte do conteúdo moderado passa por análise automatizada, feita a partir de padrões de algoritmos e com uso de inteligência artificial (USE OF AI..., 2019). No entanto, cabe salientar que os conteúdos também passam por análises de humanos, especialmente em "zonas cinzentas para os algoritmos" (RODRIGUES; KURTZ, 2020, p. 17). A intervenção em conteúdos on-line pode ocorrer de diversas maneiras, e as principais categorias são: 1) a remoção: consiste na retirada completa da informação da plataforma, tornando-a inacessível para todos os usuários; 2) indisponibilização: consiste na retirada de um conteúdo de forma limitada temporal ou geograficamente; 3) restrição: semelhante às outras duas categorias, consiste em limitar o alcance de uma informação, podendo ocorrer por meio da ocultação de um conteúdo com aviso sobre o teor ou viabilizando a opção de vê-lo na forma completa ou não – é o caso da restrição por idade, por exemplo; 4) a sinalização: consiste em avisos anexados ao conteúdo para alertar para publicações patrocinadas, conteúdo eleitoral ou a possibilidade de conter informações enganosas, imprecisas ou errôneas; e 5) ranqueamento: utilização de técnicas algorítmicas para determinar que tipo de conteúdo será priorizado ou não dentro da plataforma (Rodrigues; Kurtz, 2020).

Recentemente, o *Wall Street Journal* (Horwitz, 2021) publicou uma investigação detalhando um sistema interno do Facebook que isenta 5,8 milhões de usuários do seu procedimento padrão de moderação. O sistema, apelidado como *"Xcheck" ou "Cross Check"*, supostamente permitiria que atletas, políticos e outros usuários da aplicação quebrem as regras de forma que poderiam causar problema à maioria das pessoas. Ou seja, quando os usuários são adicionados ao sistema, é mais difícil para os moderadores agirem contra eles, como, por exemplo, foi o caso de Neymar, que, em 2019, postou em suas contas do Facebook e Instagram prints de suas conversas de WhatsApp com a mulher que o acusou de estupro. As imagens mostravam seu nome e fotos dela nua. O compartilhamento de "imagens íntimas não consensuais" não é permitido pela plataforma, que deveria ter excluído a postagem, mas, como o jogador era coberto pelo XCheck, os moderadores foram impedidos de remover o conteúdo, que foi visto por mais de 56 milhões de usuários (Kastrenakes, 2021; Canales, 2021; Horwitz, 2021).

Conforme estudo do Instituto de Referência em Internet e Sociedade – IRIS (Kurtz; Do Carmo; Vieira, 2021, p. 16), é possível que a moderação de conteúdo seja exercida em relação a um perfil (usuário) que veicula conteúdos; é o caso do banimento de contas em redes sociais do ex-presidente dos Estados Unidos, Donald Trump, as quais foram suspensas permanentemente mediante uma série de acusações de fraude na corrida eleitoral de 2020.

Casos ocorridos no território brasileiro de moderação de conteúdo e muito comentados foram a remoção feita pelo Youtube e Facebook de uma *live* em que o presidente Jair Bolsonaro alegou que a vacina contra a covid estava relacionada com a AIDS, violando as diretrizes contra desinformação médica sobre a covid-19 (FACEBOOK..., 2021b); e o canal bolsonarista "Terça Livre", que, após receber três notificações de violação de termos de serviço por disseminação de notícias falsas e incentivo a atos antidemocráticos, teve seu canal excluído permanentemente do Youtube.

3.1.5. O poder de influenciar o voto das pessoas

Moore (2016) aborda o poder dos intermediários digitais de prever e potencialmente influenciar o resultado de eleições. Os efeitos nos pleitos podem ocorrer de três maneiras: afetando a participação eleitoral, influenciando as informações às quais as pessoas são expostas sobre um candidato ou partido (efeito de filtro bolha algorítmico) ou habilitando a microssegmentação de indivíduos, visualizações e locais específicos. Assim, pelo cruzamento de dados e pesquisas qualitativas, é possível identificar com alto grau de precisão quais eleitores estão indecisos e quais mensagens teriam mais impacto sobre eles (Moore, 2016).

Exemplos que chocaram o mundo foram as revelações sobre a relação da Cambridge Analytica com o Brexit e a eleição presidencial norte-americana de 2016. A empresa e outras empresas associadas (SLC e AIQ) realizavam a coleta de dados não autorizados por meio de perfis no Facebook, utilizando-os para a construção de perfis e manipulação de algoritmos por meio de *microtargeting*. No contexto de votação do Brexit, sabe-se que houve "[...] uma tentativa de manipulação eleitoral, para além das *fake news*, baseada no uso de dados privados de usuários das redes sociais" (Bernardi, 2020, p. 37-38). Bernardi (2021), citando Cadwalladr (2017, 2018), aponta que, por meio de propagandas direcionadas, pessoas que possuíam interesses e perfis identificados com determinadas pautas anti-imigração e multiculturalismo, recebiam mais notícias falsas que causavam alarmismo e os incitavam a votar para a saída da União Europeia (Cadwalladr, 2017, 2018 apud Bernardi, 2020).

Já nas eleições presidenciais de 2016 dos Estados Unidos, mais de 87 milhões de usuários tiveram seus dados coletados sob falsos pretextos pela empresa com o objetivo de direcionar com precisão os anúncios para uma série de campanhas políticas (Sacasas, 2018). Assim, a partir das informações coletadas em um aplicativo vinculado à plataforma Facebook, a Cambridge Analytica criou um método para traçar o perfil político de usuários e direcionar de forma mais eficaz as propagandas e divulgações da campanha de Donald Trump. Conforme explicado por Fornasier e Beck, a empresa utilizou roteiros de programação como filtros de pesquisa demográfica, realizando ataques focais, empregou a tecnologia de inteligência artificial e *machine learning* com o objetivo de segregar e polarizar artificialmente determinados grupos da sociedade americana e, por fim, minerou informações dos bancos de dados para buscar nos estados da Confederação americana possíveis votos indecisos (que poderiam tanto ir para o lado conservador quanto para o lado democrata) (Fornasier; Beck, 2020). Após o escândalo, Zuckerberg precisou prestar depoimento frente ao Congresso Nacional americano, e, a partir de então, a plataforma adotou diversas medidas. Uma delas foi a redução da quantidade de dados compartilhados por usuários com desenvolvedores externos (Newton, 2018).

A pesquisa realizada pelo Data Senado (BRASIL, 2019) demonstra que 45% dos participantes afirmaram ter decidido voto em período de eleições levando em consideração informações vistas em alguma rede social. Analisando separadamente as redes sociais, as mais citadas foram o Facebook (31%) e o WhatsApp (29%). Referente a isso, Moore (2016) pontua a necessidade de uma maior transparência por parte das plataformas, pois, ao se furtarem dela, as empresas tornam-se mais poderosas.

3.1.6. O poder de responsabilizar as pessoas

Para Moore (2016), o poder de responsabilizar as pessoas se trata da necessidade de prestar contas. Ou seja, da oportunidade de as pessoas exigirem de autoridades, empresas ou figuras públicas respostas e prestação de contas. As plataformas, assim, disponibilizam um espaço aberto para a publicação e distribuição de vídeos e conteúdos que podem documentar abusos de direitos humanos ou que são capazes de responsabilizar as autoridades públicas (Moore, 2016). Um exemplo brasileiro é a robô da operação Serenata do Amor[15], um projeto que utiliza a ciência de dados com a finalidade de fiscalizar gastos públicos e compartilhar as informações de forma acessível a qualquer pessoa. Frequentemente, a robô Rosie publica no Twitter informações sobre gastos suspeitos, solicitando auxílio dos usuários para verificar as irregularidades.

Trata-se do empoderamento do usuário para relatar eventuais subornos, irregularidades e corrupção em busca de responsabilizar os governos. Entretanto, fazer a curadoria desses conteúdos coloca uma responsabilidade cívica muito significativa nas mãos dessas organizações (Moore, 2016).

Depreende-se que a análise de dados e a moderação de conteúdo têm um grande potencial para o bem público, mas, ao mesmo tempo, podem levar a uma má tomada de decisões, práticas antiéticas, algoritmos que

[15] Para mais informações, acessar: <https://serenata.ai/>.

falhem em corrigir preconceitos ou discriminações, e isso traz à tona discussões sobre a necessidade de uma implementação de ética no uso de dados. Para Mario Sérgio Cortella e Clóvis de Barros Filho (2015), a ética implica uma preocupação com o outro que vai além do bem-estar ou prazer, sendo necessário entendê-la como a arte do conviver bem além dos prazeres individuais. No ambiente digital, diversas organizações participaram do evento *"Buildin Ethics into Privacy Frameworks for Big Data and AI"* e sugeriram que as organizações considerassem três fatores para operacionalizar a ética, sendo eles: 1) uma abordagem flexível para criar uma estrutura de privacidade e ética; 2) liderança em ética de dados dentro da organização; e 3) estabelecimento de ferramentas para avaliações de impacto ético ou avaliações de risco que incorporam a ética, para avaliar de forma consistente abordagens éticas em toda a empresa. Assim torna-se importante que as *big techs* que utilizam *big data* para o aprimoramento de seus serviços considerem os impactos pessoais e sociais ao implementar seus serviços (Un Global Pulse, 2017). Além disso, conforme é descrito no relatório *Transparência sobre Moderação de Conteúdo em Políticas de Comunidade*, realizado pelo Instituto de Referência em Internet e Sociedade (Rodrigues; Kurtz, 2020), a transparência e *accountability* relativas à moderação de conteúdos devem ser realizadas através de quantitativos divulgados após a adoção de medidas de moderação de conteúdo e através da própria transparência contínua durante a elaboração e implementação de procedimentos e políticas de moderação.

3.2. Estado plataforma: como as plataformas intermediadoras de conteúdo subverteram a lógica do poder estatal?

Ao longo deste capítulo, analisamos o papel que as plataformas digitais desempenham na organização da sociedade e no oferecimento de bens públicos, e percebemos que diversos valores estão em jogo, sejam eles econômicos, sociais, políticos ou ideológicos. Renato Janine Ribeiro (2001) afirma que a mudança na ideia de poder ocorreu recentemente, quando perdeu seu lugar central e localizável e foi em direção a uma situação mais anônima, na qual é difícil identificar quem manda, quem faz e como o faz. Ao escrever sobre a teoria de poder, Lukes (2005b, p. 23) afirma que "[...] o poder é mais eficaz quando menos observável". Nesse sentido, Tim Wu (2016) ressalta que o real negócio das plataformas digitais é influenciar consciências através da disputa de atenção e tempo de pessoas. Para Castells

(2016), essa é a forma mais imperiosa de poder: a habilidade de moldar a mente humana, a partir da capacidade relacional que um ator social tem de influenciar, de forma assimétrica, as decisões de outros atores sociais em favor dos seus próprios interesses e valores.

Para Moore (2016), é preciso reconhecer que as *big techs* e seus serviços começaram a desempenhar papéis cívicos, ganhando, consequentemente, poder político e social, e sendo necessário que as sociedades democráticas descubram como responder. Para o autor, as ferramentas disponíveis para os governos democráticos (legislação, regulamentação e tributação) não são adequadas para lidar com as questões levantadas pelos gigantes de tecnologia, que, além de ser transnacionais, trabalham com um modelo econômico muito diferente de outras corporações.

Nesse sentido, Moore mostrou pelo menos seis funções cívicas importantes que as plataformas vêm exercendo: comandar a atenção do público, comunicar notícias, possibilitar a coordenação da ação coletiva, dar voz às pessoas, influenciar o voto das pessoas e ajudar a responsabilizar o poder. Percebe-se que, ao adquirir tais funções, as *big techs* adquirem poder que se relaciona diretamente com a governança do discurso on-line. Para o autor, "[...] as organizações não podem atingir essa escala e tamanho e acumular tanto poder sem provocar uma resposta – de governos nacionais e regionais, de outros setores e do público" (Moore, 2016, p. 55).

Partindo dos poderes de plataforma preconizados por Moore, percebe-se que as *big techs* exercem os requisitos da concepção tripartida de poder de Lukes, predominando sobre os outros em disputa de interesse, determinando agendas que são ou não importantes e obtendo a aderência ou dependência dos dominados sem pressupor a existência de um conflito. Isso tudo é possível em razão de as gigantes da tecnologia terem adquirido a capacidade de influenciar a política em larga escala. Ana Frazão e Santos (2020, p. 62) ressaltam a influência política como "[...] dano em potencial, na medida em que o poder econômico pode ser traduzido em termos de poder político". Para Lévy (2020), entre as funções do Estado, o controle do espaço público é a que mais nos afeta.

Tamanho poder ocasiona tensões entre os governos que buscam limitar o alcance dessas empresas e regular o mercado. O ecossistema de plataforma é global, e os confrontos ocorrem em nível nacional local; as disputas são sobre os valores públicos que estão em jogo, como as sociedades querem protegê-los e se os instrumentos regulatórios disponíveis são apropriados para questões de governança (Van Dijck; Nieborg; Poell, 2018). Para Kitchen (2022), as empresas desafiam a autoridade, soberania e capacidade dos governos, e a migração da influência geopolítica para o setor privado provoca uma série de respostas desses governos. Entretanto, todos eles deveriam reconhecer que não mais detêm poder e influência exclusiva no cenário global. Castells (2009) atribui essa mudança de cenário ao novo estado de rede, em que os Estados precisam compartilhar a soberania e responsabilidades entre diferentes níveis do governo, adotando uma maior flexibilidade nos procedimentos de governo e uma maior de tempos e espaços na relação entre governos e cidadãos.

Para Carvalho (2018, p. 218), "[...] a arquitetura tradicional da soberania é posta em xeque pela natureza transfronteiriça da internet. As fronteiras se diluem e os limites territoriais não mais coincidem com o âmbito de aplicação da lei". Nesse sentido, Kostopoulos (2021) afirma que os conceitos de autoridades soberanas são desafiados a partir do momento em que empresas de mídia social podem remover de sua plataforma um líder eleito democraticamente; portanto, a soberania do espaço digital vem sendo compartilhada entre Estados e empresas de tecnologia, e o formato da legislação tradicional não é adequado para o ritmo com que as tecnologias se expandem. Segundo John Ruggier (1993), assim como nos tempos mediáveis, a soberania deveria estar focada junto com o movimento, e não com o lugar, sob pena de transformarmos as relações econômicas em colchas de retalhos. Para tanto, é necessário que os Estados-nações busquem se reafirmar, mas, acima de tudo, é importante que entendam que as formas tradicionais do poder do Estado não são a melhor abordagem no ecossistema digital.

A questão do que deve ser feito com relação ao poder dessas plataformas se transforma em debate sobre se elas devem ou não ser mais fortemente reguladas pelos governos (Rosen, 2022). Observa-se que, de modo geral, há uma corrida para a regulamentação e um tratamento simplista quanto à legitimidade da regulação on-line. Carvalho (2018, p. 225) afirma que o resultado "[...] é uma abordagem que subestima a complexidade que cerca o tema e, por isso, não apresenta elementos que permitam avançar na discussão". Tanto é que, nos últimos anos, diversos países passaram a aprovar legislações que pretendem principalmente estabelecer regras sobre a moderação e a governança do discurso on-line

Recentemente, Facebook, YouTube e Twitter abriram um processo contra o procurador-geral do Texas por uma nova lei estadual aprovada, que, segundo eles, exigiria inconstitucionalmente a permissão de disseminação de discurso pró-nazista, propaganda terrorista, desinformação de governos estrangeiros e desinformação médica (Hamilton, 2021). Nesse mesmo sentido, o juiz distrital dos EUA, Robert Hinkle, emitiu uma liminar bloqueando a execução do projeto de lei aprovado pelo governador da Flórida, Ron DeSantis, que pretendia que empresas de tecnologia fossem multadas por sinalizar ou banir usuários de seus serviços. No Brasil, as plataformas Google e Twitter se manifestaram no inquérito que investiga apoiadores do presidente Jair Bolsonaro envolvidos na organização das manifestações do 7 de setembro. Nas vésperas do ato, o ministro Alexandre de Moraes ordenou que Instagram, Youtube, Facebook e Twitter bloqueassem páginas de bolsonaristas envolvidos na organização ou convocação do protesto. Na manifestação encaminhada ao Supremo Tribunal Federal (STF), as plataformas, que cumpriram as ordens de bloqueio, defenderam a necessidade de indicação clara da ilicitude que justificaria a remoção dos conteúdos, conforme preconizado pelo Marco Civil da Internet, sob risco de a medida ser considerada desproporcional e uma forma de censura prévia.

No dia 11 de junho de 2021, deputados do Subcomitê de Antitruste da Câmara dos EUA apresentaram a agenda *"A Stronger Online Economy: Opportunity, Innovation, and Choice"*, um conjunto de cinco projetos de lei com o intuito de limitar o poder de mercado das grandes empresas de tecnologia, as responsabilizando por condutas anticompetitivas (USA, 2021). O projeto do *"American Innovation and Choice Online Act"* proíbe plataformas de praticarem condutas discriminatórias contra concorrentes ou que favoreçam seus próprios produtos e serviços. O *"Platform Competition and Opportunity Act"*, por sua vez, proíbe plataformas dominantes de realizar aquisições de empresas concorrentes ou que possam reforçar seu poder de mercado. Já o *"Ending Platform Monopolies Act"* visa eliminar a capacidade das plataformas dominantes de alavancar seu controle sobre múltiplos mercados para se favorecerem e prejudicarem concorrentes. O *"Augmenting Compatibility and Competition by Enabling Service Switching Act"* exige que os serviços das plataformas sejam interoperáveis e garante portabilidade de dados, facilitando que os usuários troquem de empresas. Finalmente, o *"Merger Filing Fee Modernization Act"* visa aumentar as receitas das autoridades de defesa da concorrência dos Estados Unidos (EUA) como forma de emponderá-las na fiscalização e aplicação do direito antitruste.

Já o Parlamento Europeu aprovou no dia 23 de novembro de 2021 a Lei dos Mercados Digitais para "[...] acabar com as práticas desleais de grandes plataformas online", estabelecendo novas obrigações e proibições às empresas que atuam como *gatekeepers*, restrição de aquisições, aplicação centralizada da legislação na União Europeia e sanções (European Parliament, 2021).

Como é possível observar, diversos Estados têm recorrido a medidas para garantir respeito às leis e decisões locais, o que muitas vezes impacta negativamente a segurança jurídica e o desenvolvimento econômico; assim, Lucas Borges de Carvalho (2018) pontua que o que se observa atualmente é um frequente confronto entre diversas jurisdições nacionais que se traduz na ausência de padrões consensuais estabelecidos nas esferas internacionais.

Castells (2016) afirma que o controle da informação sempre foi a essência do poder do Estado ao longo de toda a história. Hoje, é preciso reconhecer que esse protagonismo foi gradualmente sendo assumido pelas plataformas digitais, implicando a ampliação correlata da forma em que essas plataformas manejam os conteúdos que são veiculados em seus ambientes, as colocando em uma posição de protagonismo nas políticas regulatórias de liberdade de expressão. Buscando a redução dessa assimetria de poder, governos, representantes da sociedade civil e empresas têm pressionado plataformas a intervirem na redução de tais conteúdos de forma mais incisiva e transparente. Um exemplo é a campanha "Stop Hate For Profit", à qual diversas marcas aderiram para demandar que plataformas exerçam maior controle sobre conteúdos odiosos. No campo político, a esquerda argumenta que empresas de tecnologia precisam limitar a desinformação e o discurso de ódio em plataformas on-line, já a direita defende a liberdade de expressão e que as plataformas não exercem seu poder de censura de forma equilibrada (Askonas; Schulman, 2022). Nesse sentido:

> Por um lado, exige-se que as plataformas intervenham para coibir conteúdo manifestamente danoso, incluindo aquele que constitui discurso de ódio, desinformação e condutas criminosas. Por outro lado, a restrição da liberdade de expressão mediante a discricionariedade de agentes privados se apresenta como uma ameaça para esse e outros direitos, sobretudo na medida em que suas plataformas ganham relevância para o acesso a informações e o debate público. (Kurtz; Do Carmo; Vieira, 2021, p. 79).

Evelin Douek (2021) aborda os desafios que os reguladores de todo o mundo enfrentarão ao redigir leis para mudar o cenário regulatório do discurso on-line. Para a autora, é necessário que os Estados entendam de forma adequada a moderação de conteúdo sob pena de as leis tornarem-se ineficazes. Nesse sentido, José Van Dijck, Thomas Poell e Martijn de Waal (2018) afirmam que, para superar o confronto do sistema de valores e o equilíbrio de interesses públicos e privados, os governos precisam entender a dinâmica das plataformas, suas premissas ideológicas e as implicações sociais de suas operações, ou seja, para requererem uma prestação de contas e responsabilidade, é necessário o entendimento de como funciona o ecossistema das plataformas.

Moore (2016) elenca três razões para o porquê de as respostas governamentais tenderem a ser destinadas ao fracasso: a primeira porque os Estados ainda não definiram adequadamente o problema que estão tentando resolver; a segunda é a utilização de ferramentas que não são adequadas para lidar com as plataformas e os serviços que elas oferecem; e a terceira é que ainda não há uma visão clara de onde gostariam que a sociedade digital acabasse.

A discussão sobre como lidar com o poder da plataforma está apenas começando. À medida que o debate se desenvolve, vale lembrar que certas facetas do poder da plataforma não são novas e que as alavancas e conceitos existentes podem ser reequipados para garantir que as plataformas sejam estruturadas para se alinhar – e não prejudicar – a mercados abertos, concorrência justa e fluxo livre de informações.

4
O ESTADO BRASILEIRO E A REGULAÇÃO DE PLATAFORMAS DIGITAIS

Como observamos nos capítulos anteriores, o poder de decidir o que deve ou não permanecer na rede, por vezes, pode resultar em embates com atores políticos, em especial no que concerne a governança do discurso on-line. Diante dessa realidade, os Estados vêm tentando buscar formas de controlá-las por meio de regulações, via legislativo ou até medidas executivas.

No entanto, historicamente a relação do Estado com a internet foi evoluindo. Em um primeiro momento, o espaço virtual era tido como um espaço que não precisaria necessariamente ser regulado. Nesse sentido, Lessig (2006) infere que, desde os primórdios, a internet foi vista como um espaço em que as pessoas estariam livres do poder estatal. São diversas as teorias de que no mundo on-line não há espaço para a soberania estatal. Algumas delas remontam a declaração de independência do ciberespaço de 1996, quando John Perry Barlow declarou que os "governos do mundo industrial" não eram bem-vindos ao "futuro" e que não tinham "Soberania" no espaço digital:

> Governos do mundo industrial, seus gigantes cansados de carne e aço, venho do ciberespaço, a nova casa da mente. Em nome do futuro, peço ao passado que nos deixe em paz. Vocês não são bem-vindos entre nós. Vocês não têm soberania onde nos reunimos.
>
> Não temos governo eleito, nem é provável que o tenhamos, portanto, dirijo-me a vocês com nenhuma autoridade maior do que aquela com que a própria liberdade sempre fala. Declaro que o espaço social global que estamos construindo é naturalmente independente das tiranias que vocês procuram

> nos impor. Vocês não têm nenhum direito moral de nos governar, nem possuem quaisquer métodos de aplicação que tenhamos motivos verdadeiros para temer. (Barlow, 1996, tradução minha)[16].

Entretanto, a utopia de um espaço digital independente dos controles estatais foi superada com a consolidação da internet como o principal ambiente de comunicação da sociedade e a penetração de plataformas digitais nas esferas econômica, política, social e cultural da sociedade. A regulação pode designar a coordenação de processos e elementos em uma ótica sociológica ou econômica (Lima; Valente, 2020). Jambeiro (2000) associa a regulação ao disciplinamento de atividades sociais por meio da atuação do Estado como regulador. Conforme afirma Ari Carlos Sundfeld (2014, p. 112), a regulação pública advém "[...] da opção do Estado por influir na organização das relações humanas de modo constante e profundo, com o uso do poder de autoridade". Nesse trabalho, considera-se a regulação como forma de intervenção do Estado em um setor da sociedade, condicionando, coordenando e disciplinando a sua atividade. No entanto, cabe salientar que a regulação não precisa ser necessariamente estatal, podendo ser percebida também de modo mais amplo, em que regras e formas de atividade podem ser construídas através da combinação de outros instrumentos (Lima; Valente, 2020). Assim:

> Em sentido amplo, a função da regulação comporta três operações ou etapas: emissão de normas de atuação (rule making) – regulação em sentido estrito; aplicação e supervisão de aplicação de normas (rule implementarion e rule supervision); aplicação de sanções pelo incumprimento das normas (rule enforcement). A regulação pode incidir sobre o acesso à atividade econômica, sobre a estrutura dos negócios e a organização e gestão empresarial (regulação estrutural), sobre a condução da atividade econômica (preços, etc.). (Moreira, 2012, p. 183).

[16] No original: "Governments of the Industrial World, you weary giants of flesh and steel, I come from Cyberspace, the new home of Mind. On behalf of the future, I ask you of the past to leave us alone. You are not welcome among us. You have no sovereignty where we gather. We have no elected government, nor are we likely to have one, so I address you with no greater authority than that with which liberty itself always speaks. I declare the global social space we are building to be naturally independent of the tyrannies you seek to impose on us. You have no moral right to rule us nor do you possess any methods of enforcement we have true reason to fear."

Ao voltarmos o olhar para a regulação da internet, Leonardi (2011) explica que são quatro as principais linhas de pensamento. A primeira seria chamada de "autorregulação", a segunda de "direito do ciberespaço", a terceira seria nomeada de "analogia e internet", e a quarta vista como uma "abordagem mista".

Tatiane Guimarães (2022) pontua que a autorregulação foi aquela evidenciada por John Perry Barlow, sendo a primeira a surgir na história da internet. A segunda, nomeada como "direito do ciberespaço", foi proposta por G. Johnson e David G. Post, trazendo a necessidade de governos trabalharem de forma unificada para criar normas globais para a internet; entretanto, embora ainda se fale em "direito digital" ou "direito cibernético", a tendência não se concretizou. Em oposição a essa linha, tem-se a teoria de que a internet não seria "algo novo", portanto, a regulação dela poderia ocorrer por meio de analogia e aplicação de institutos jurídicos já existentes. Por fim, a quarta abordagem, "mista", defende a utilização do sistema jurídico em conjunto com a arquitetura da internet.

Nesse sentido, Lawrence Lessig (2006) sugeriu nos anos 1990 a máxima "código é lei" *(code is law)*, em que o código de programação das ferramentas on-line seria determinante para regular o comportamento humano na internet; portanto, o direito, na pretensão de controlar o comportamento humano no ambiente on-line, deveria se preocupar em regular esses códigos. No modelo geral de regulação proposto pelo autor, existiria um cabo de guerra regulatório de quatro pontas, pois além do Estado com suas normas jurídicas, competiriam também a lógica econômica, as constrições sociais e, por fim, a própria tecnologia, que poderia tanto permitir como proibir um comportamento através da arquitetura (Souza; Lemos, 2016).

Diego Canabarro (2014) explica que tanto o funcionamento quanto a organização e governança da internet configuram problemas de ação coletiva, que se relacionam de maneira direta com o estudo e o exercício do poder político por excelência no ambiente doméstico dos Estados e no plano do sistema internacional. A partir disso, surgem diversas tensões, interesses econômicos, sociais, culturais ou politicamente conflitantes, e, portanto, "[...] a governança da Internet refere-se justamente à complexa e multifacetada arena de interações políticas responsáveis pela definição da ecologia institucional que circunda a Internet" (Canabarro, 2014, p. 103). De acordo com o autor, a governança da internet diz respeito a um rol bastante abrangente de temas que estão direta e indiretamente relacionados à internet; assim, os temas de governança da internet podem ser divididos em cinco grandes questões: infraestrutura e estandardização, legais, econômicas, de desenvolvimento, e socioculturais (Canabarro, 2014).

Nas questões concernentes aos temas socioculturais, tem-se a crescente preocupação a respeito dos conteúdos disponibilizados na rede por intermédio das plataformas provedoras de conteúdo ou plataformas de mídias sociais, bem como do poder que elas adquirem a partir dessa capacidade, uma vez que essas organizações desempenham um papel significativo e crescente à medida que os cidadãos adquirem informações, se comunicam entre si, se relacionam com as autoridades e se representam.

Nesse sentido, Jack Balkin (2014) afirma que a ampliação da internet possibilitou o surgimento de uma nova escola da regulação de liberdade de expressão, não sendo mais factível que essa relação de regulação se desse como antes, entre cidadãos e Estados. Diante disso, esse modelo de regulação de expressão que antes era bilateral transformou-se de modo a incluir os intermediários de internet ou plataformas digitais na relação.

Jhon Bowers e Jonathan Zittrain (2020) pontuam que a evolução da governança do conteúdo on-line ocorreu em três grandes eras: a era dos direitos, a era da saúde pública e a era do processo. A era dos direitos se estendeu do início de 1990 até 2010, momento em que o conteúdo que circulava na internet era dividido entre duas categorias e em canais distintos de fornecimento de conteúdo, de um lado havia o conteúdo difundido e elaborado por editoras tradicionais que passaram a ocupar o espaço on-line e, do outro, havia o conteúdo gerado pelo usuário (UGC) em plataformas de mensagens, blogs, seções de comentários e sites pessoais.

A partir do precedente criado na decisão de dois casos da corte dos Estados Unidos, *Cubby vs Cumpuserve (1991) e Statton oakmont vs prodigu services (1995)*, as plataformas da época optaram por não moderar conteúdos pois ao fazê-lo eram consideradas como editoras de conteúdos, sujeitas a responsabilização civil pelos danos decorridos em seu ambiente[17]. A partir do aumento significativo de conteúdo ofensivo nos espaços digitais, o Congresso dos Estados Unidos criou a *Section 230* (artigo 230), de forma a incentivar o desenvolvimento de um ambiente saudável na internet, per-

[17] Informações retiradas de aula ministrada pelo professor João Victor Archegas no curso regulação de plataformas: debates e perspectivas, oferecido por ITS-RS e realizado em 11/05/2021 à 27/05/2021.

mitindo que as companhias pudessem atuar sem o receio de serem responsabilizadas pelo uso indevido de seus serviços por terceiros (Bowers; Zittrain, 2020). Considerado um dos marcos legais mais importantes da internet, a *Section 230 do Communications Decency Act de 1996* (EUA, 1996) contribuiu para determinar que provedores de aplicação de internet não seriam responsáveis por eventuais danos a terceiros decorrentes do conteúdo publicado por seus usuários. Assim, segundo o artigo, os provedores são considerados meros intermediários e não autores dos conteúdos, não sendo obrigados a atuar com poderes editoriais de filtrar o que é postado, a menos que haja lei ou ordem judicial obrigando a remoção do conteúdo (Durigan; Machado, 2021).

Esse contexto foi responsável por impulsionar os mecanismos de autorregulação das plataformas digitais por meio de suas políticas e termos de uso ou regras de comunidade. A própria norma prevê também o incentivo para que os provedores removam espontaneamente materiais que o próprio provedor considere ser ilícito. Nomeada como "Bloqueio do Bom Samaritano", a cláusula impede que a parte prejudicada por essa remoção possa, eventualmente, responsabilizar o provedor por eventuais danos civis (Souza; Lemos, 2016).

Nas décadas seguintes à aprovação da *Section 230*, Bowers e Zittrain (2020) observaram uma mudança na forma como o discurso on-line ocorria. Segundo eles, "[...] ao abrir a porta para a desinformação viral e outros males relacionados à fala, essa mudança lançou as bases para o alvorecer da era da saúde pública de governança da internet" (Bowers; Zittrain, 2020). Assim, a segunda era da governança do discurso on-line, nomeada como "saúde pública", iniciou-se em 2010 e permanece até o presente, abordando as consequências negativas das novas tecnologias para as relações humanas, principalmente na esfera política e democrática. Nesse momento, as plataformas introduziram um novo modelo para o consumo de conteúdo construído em torno de *feeds* de notícias, resultados de pesquisa classificados por algoritmos que otimizavam o engajamento dos usuários.

Nesse sentido, Tim Wu (2018) descreveu o discurso que antes era "aberto e livre" nos primeiros vinte anos da internet e que mudou para uma "[...] ênfase generalizada, senão universal, entre as principais plataformas sobre a criação de ambientes de fala 'saudáveis e seguros'". A partir disso, as plataformas passaram a ser pressionadas por diversos atores para adotarem medidas para mitigar os efeitos de condutas como desinformação, censura, ataques cibernéticos, entre outros. Conforme pontuado por Evelyn Douek (2021), as plataformas deveriam moderar o conteúdo buscando equilibrar o impacto na sociedade com os direitos individuais dos falantes e o direito das pessoas de consumir o conteúdo de sua escolha.

Nesse momento, a próprio *Section 230* passou a ser alvo de ataques sob o argumento de que plataformas não deveriam gozar de uma unidade irrestrita que "desrespeite o interesse público", trazendo à tona o dilema dos limites da atividade regulatória do Estado frente à liberdade de expressão e de quais conteúdos devem ou não ser retirados do ambiente on-line. Nesse sentido, Trump (USA, 2020a, tradução minha) afirmou:

> A Seção 230 não foi feita para permitir que um punhado de companhias cresçam e virem titãs que controlam as avenidas vitais do nosso discurso nacional, sob o disfarce de promover fóruns de debate, e então oferecer a esses mastodontes imunidade generalizada para usarem o seu poder de censura...

Diante disso, as plataformas passaram a ser impelidas a mitigar danos específicos e contextuais às normas e instituições decorrentes das interações entre os usuários em grande escala. Belli, Francisco e Zingales (2017) afirmam que se trata de um movimento contrário, no qual as plataformas vêm assumindo cada vez mais funções de regulação, seja por auto atribuição a partir de seus termos de serviço ou por delegação do Estado. Um exemplo é a legislação alemã de monitoramento e derrubada de conteúdo ilegal (NetzDG). A legislação aprovada em junho de 2017 obriga redes sociais e outros provedores com mais de dois milhões de usuários a remover conteúdos que sejam "manifestamente ou obviamente ilegais" dentro de um prazo de 24 horas a 7 dias após a notificação da plataforma, sob pena de multa de até 50 milhões de euros (Filho, 2021, p. 114). Percebe-se que a legislação alemã assume uma posição mais conservadora em relação a *Section 230* e terceiriza para as plataformas a tarefa de interpretar conteúdos que se caracterizariam ilícitos ou não, o que poderia resultar em um incentivo para que as empresas pequem pelo excesso a fim de evitar sanções.

De maneira semelhante à *Section 230,* o Marco Civil da Internet, legislação brasileira, prevê a não responsabilização dos provedores de aplicação de internet por conteúdos postados por terceiros. De acordo com o artigo 19 do texto legal, o provedor de aplicações somente será responsabilizado por danos decorrentes de conteúdo gerado por terceiros se, após ordem judicial específica, não tomar as providências necessárias para tornar indisponível o conteúdo. Ou seja, a plataforma só será responsabilizada se não cumprir ordem judicial, o que não impede que ela determine requisitos próprios para a remoção voluntária em seus termos de uso para a retirada do conteúdo que vá de encontro às regras que regem a plataforma.

É importante salientar que o Marco Civil da Internet, aprovado em 2014, foi a primeira iniciativa do Poder Executivo brasileiro que se valeu da internet para ampliar o debate que levou à propositura de um projeto de lei no Congresso Nacional. Internacionalmente reconhecido por equilibrar os direitos e responsabilidades de indivíduos, governos e empresas que utilizam a internet, a lei foi desenvolvida por meio de um debate aberto com toda a sociedade, desde a sua concepção no ano de 2007 até a aprovação em 2014 (Souza; Lemos, 2016).

Jhon Bowers e Jonathan Zittrain (2020) afirmam que, paralelamente à era da saúde, estamos vivenciando a era do processo, em que é preciso superar a discussão de quais conteúdos podem ou não ser limitados na internet, sendo necessário, portanto, focar na promoção da transparência e prestação de contas para a promoção de valores mínimos por parte das plataformas. Ou seja, o objetivo desse modelo é desenvolver e construir legitimidade em torno de novas maneiras de trabalhar com as questões ambíguas e controversas do discurso on-line, não se tratando de achar uma resposta "certa" sobre um tema que não possui consenso público a respeito da resposta. Portanto, para os autores, o caminho para uma governança de conteúdo responsável seria as plataformas adotarem uma estrutura de *accountability*, seja de forma voluntária ou imposta por meio de ação regulatória do Estado. Além disso, nesta era é necessário vislumbrar novas entidades que possam ser capazes de responder tais questões, como é o caso do Oversight Board do Facebook, uma espécie de "Suprema Corte" independente da empresa e responsável por revisar decisões de moderação de conteúdo encaminhadas por usuários ou pelo próprio Facebook. Percebe-se, assim, que a internet e as plataformas digitais já passaram por diversas tentativas de regulação estatal, passando da inicial pretensão de um ambiente independente do poder estatal para múltiplas vertentes de regulação. Assim, o Estado deixou de ser percebido como um agente regulador malvisto e incapaz de regular o ambiente on-line e passou a ser entendido como um agente que possui o poder de regular.

Os Estados passaram a pressionar as plataformas a seguirem suas determinações por meio de responsabilidades e isenções quando suas leis são seguidas. Frosio (2021), indo além, explora a evolução das pressões estatais nos intermediários, afirmando que antes havia a tendência de se criar exceções de responsabilidade caso a plataforma cooperasse ou/e auxiliasse o Estado a garantir a prevalência de sua jurisdição ou, ao menos, os interesses de sua lei na internet. Ele inclusive indica como grande falha dessa responsabilização a falta de conhecimento técnico do poder público. O grande dilema é que, para corresponder às expectativas de um ecossistema digital de rápida evolução, os governos e os formuladores de políticas precisaram se adaptar para desenvolver estruturas regulatórias que acompanhassem esse fluxo. La Chapelle (2011) afirma que os governos nacionais vêm enfrentando dificuldades para adaptar as leis ao ambiente digital; nesse sentido, observa-se a multiplicação de políticas nacionais e tentativas regulatórias de controlar plataformas digitais.

Por essa mesma linha, o relatório *Contribuições para uma regulação democrática das grandes plataformas que garanta a liberdade de expressão na internet*" (Intervozes, 2020) refere que é crescente o interesse de governos e parlamentos em regular atividades e distribuição de conteúdos de plataformas, particularmente no que se refere ao conteúdo. Entretanto, a maioria dessas iniciativas legais traz soluções ilegítimas ou desproporcionais, tornando as plataformas juízes ou polícias privadas sobre conteúdos de terceiros que podem circular na internet.

David Kaye (2018), relator para a liberdade de expressão da Organização das Nações Unidas, publicou relatório sobre a regulação de conteúdos de terceiros em plataformas na internet. Kaye (2018) reconhece a preocupação dos Estados quanto ao conteúdo on-line, entretanto, pontua que diversas normas representam riscos à liberdade de expressão, colocando pressão sobre as plataformas para remover conteúdo sob critérios legais que são vagos ou complexos. Segundo o autor, "Leis restritivas amplamente redigidas sobre 'extremismo', blasfêmia, difamação, Discurso 'ofensivo', 'notícias falsas' e 'propaganda' muitas vezes servem como pretextos para exigir que as empresas suprimem o discurso legítimo" (Kaye, 2018, p. 06). Além disso, muitos Estados delegam a função regulatória a atores privados, que, por vezes, não possuem critérios claros de transparência em suas regras. Por outro lado, Kaye (2018) aponta que os atores privados possuem um grande poder de decidir o que pode ou não ser publicado, trazendo riscos à liberdade de expressão. O relator afirma ser necessário adotar parâmetros de direitos humanos na moderação de conteúdo para evitar abuso tanto pela regulação estatal quanto pela regulação privada, ou seja, termos de uso (Kaye, 2018).

Além disso, com o aumento de medidas de remoção de conteúdo, rotulações de publicações como enganosas ou com a exclusão de postagens e contas de usuários, os termos de uso das plataformas têm se tornado alvo de críticas por parte dos prejudicados por essas medidas (Durigan; Machado, 2021). Nesse sentido, diversos agentes estatais vêm se manifestando publicamente sobre a moderação de conteúdo e os poderes das plataformas. Exemplo disso no território brasileiro é o presidente Jair Bolsonaro e seus aliados, que frequentemente têm suas publicações removidas ou sinalizadas por conterem informações falsas. Assim, utilizando-se do argumento de proteção à liberdade de expressão, o presidente afirmou recentemente:

> A minha rede social talvez seja aquela que mais interage em todo o mundo. Somos cerceados. Estamos na iminência de um decreto para regulamentar o Marco Civil da Internet, dando liberdade e punições para quem porventura não respeite isso. (Vargas, 2021).

Após a declaração, tornou-se pública uma minuta de decreto presidencial que pretendia regulamentar o Marco Civil da Internet, impossibilitando plataformas de sinalizarem conteúdos falsos, remover postagens com discurso de ódio e perfis, sem ordem judicial. Após críticas em decorrência da investida e também pela inadequação de via, Bolsonaro optou por endereçar o mesmo texto através de medida provisória e, após devolutiva realizada pelo presidente do Senado, Rodrigo Pacheco, optou por tratar o assunto através de projeto de lei encaminhado ao Congresso Nacional.

Cabe salientar que a minuta que se propunha a regulamentar o Marco Civil da Internet e, de certa forma, controlar o poder de plataformas, possuía diversas irregularidades e não considerava as implicações decorrentes de seus artigos. A primeira delas é vício formal do procedimento adotado – não se altera uma lei por decreto, e a Constituição, em seu artigo 22, I, é taxativa ao limitar à União a competência em legislar sobre o direito civil, ou seja, cabe ao Congresso Nacional, por suas duas casas, legislar sobre a matéria. A minuta de decreto não regula uma norma, como se propõe, ela cria direitos e obrigações de natureza civil, proibindo os intermediários de removerem conteúdos de acordo com o estabelecido com seus usuários. Quando proposta por medida provisória (MP), observamos o mesmo problema, a MP não atende os requisitos constitucionais de urgência e relevância, por isso foi devolvida pelo presidente do Senado. Ainda sobre as inconstitucionalidades, o texto estabelecia regras que afetavam diretamente o exercício da liberdade de expressão, conferindo ao Poder Executivo a responsabilidade de fiscalizar se as decisões das redes sociais cumpririam a determinação legal. Dessa forma, o Poder Executivo passaria a ter o poder de determinar os limites da liberdade de expressão dos brasileiros (Rais; Sabino; Battisti, 2021). Além disso, transferia ao judiciário, já congestionado de processos, a responsabilidade de se tornar um analista de pedidos de remoção de conteúdos. Aqueles que forem caluniados, difamados, injuriados, assediados ou sofrerem em decorrência de discursos de ódio só poderiam ter a violência cessada mediante a ordem de um juiz. Por fim, o texto atuava diretamente sobre a livre iniciativa e liberdade econômica de plataformas digitais, determinando o modelo de negócio e modo que elas deveriam atuar.

Nesse contexto, são oportunos os ensinamentos de Carlos Affonso Souza e Ronaldo Lemos (2016), que afirmam que é necessário que a regulação preserve direitos fundamentais de modo a garantir que o desenvolvimento tecnológico se torne um elemento que aprimore o desenvolvimento da personalidade e as condições econômicas e sociais dos indivíduos e coletividades, não sendo preciso que, para cada nova tecnologia ou ferramenta, os legisladores se sintam impulsionados a realizar alterações no ordenamento jurídico, "[...] que possam parecer pertinentes agora, mas cuja atualidade e funcionalidade está fadada a se perder com a mesma velocidade com que a tecnologia se transforma" (Souza; Lemos, 2016, p. 16). Ana Frazão (2018, p. 658) pontua o que chama de "desafios para a regulação jurídica das plataformas", dentro de um objetivo da busca por uma "[...] regulação adequada e desejável, sempre atenta ao estímulo à inovação e à eficiência dinâmica".

A tentativa do presidente Bolsonaro de controlar o poder de plataformas representa uma parte do microcosmo das legislações em tramitação no Congresso Nacional que se propõem a solucionar a assimetria de poder entre o público e privado. Portanto, buscou-se analisar de que forma o legislador brasileiro tenta controlar o poder das *big techs* através da identificação e classificação do conteúdo constante nas propostas legislativas.

4.1. Propostas legislativas em discussão

Diante de todo o exposto, observa-se que as plataformas digitais, intermediadoras de conteúdo, se tornaram o espaço em que debates e ações políticas acontecem, possuindo uma capacidade de influência política em larga escala e que, em grande parte, está fora do controle político. No que foi possível observar no movimento global de regulação, muitas das normas vêm acompanhadas de motivação política ou em reação à retirada de *posts* ou perfis de governantes, como foi caso de Trump e Bolsonaro, isso porque os conceitos de autoridades soberanas são desafiados a partir do momento em que as plataformas possuem o poder de remover algum líder político de seu espaço. Nessa toada, diversas são as iniciativas locais para o controle do poder das empresas de tecnologia; entretanto, algumas iniciativas legislativas por vezes são ilegítimas ou desproporcionais face ao caráter global e multiterritorial das plataformas de internet, não levando em consideração a complexidade do tema.

Nesse sentido, entende-se que realizar o mapeamento de propostas legislativas é importante para entender de que forma o Estado brasileiro se propõe a regular as plataformas digitais, bem como as diferentes forças partidárias que se contrapõem no Congresso Legislativo brasileiro acerca da temática de moderação de conteúdo, ou, até mesmo, de poder das *big techs*.

Portanto, foram analisados os projetos de leis que, por tratarem de matéria análoga ou conexa, foram apensados ao PL nº 2.630 (Lei de Liberdade, Responsabilidade e Transparência na Internet), amplamente discutido e noticiado por estabelecer normas sobre o ambiente on-line e cujo conteúdo será abordado de maneira mais aprofundada em tópico posterior. Com a utilização dos meios de pesquisa disponibilizados pelos sites oficiais da Câmara dos Deputados e do Senado Federal, a coleta dos dados foi realizada até o dia 5 de dezembro de 2021, sendo identificados 79 projetos de leis apensos ao PL nº 2.630/2020, propostos por 17 partidos diferentes e correspondentes ao período de 26 de maio de 2015 a 29 de setembro de 2021 (Apêndice A).

Para analisar o espectro político dos partidos optou-se por utilizar a classificação realizada pelo Congresso em Foco, qual seja, direita, esquerda e centro (Sardinha; Costa 2019). Bobbio (1995) afirma que "direita" e "esquerda" não são conceitos absolutos, mas, sim, relativos. Não são conceitos substantivos ou ontológicos e muito menos são qualidades intrínsecas ao universo político. Eles representam lugares do "espaço político", uma determinada topologia política, que nada tem a ver com a ontologia política. O autor ainda pontua que a classificação desse espectro político ocorre de acordo com o contexto de cada país, isso porque a relatividade dos conceitos se demonstra pela observação do caráter indeterminado dos conteúdos e, portanto, pela sua possível mobilidade, fazendo com que uma certa esquerda, ao se deslocar para o centro, possa se tornar uma direita com respeito a uma esquerda que permaneceu imóvel, e, simetricamente, uma certa direita que se desloca para o centro torna-se uma esquerda em relação a uma direita que não se movimentou. Nesse sentido, as classificações foram pensadas de modo a corresponder ao contexto brasileiro.

Após realizar o levantamento, buscou-se analisar os objetivos políticos e jurídicos almejados pelos PLs. Assim, a análise foi desenvolvida a partir da leitura dos textos, identificando os temas abordados; portanto, para analisar o conteúdo das propostas legislativas, foi realizada a categorização por: tipo de discurso, se regula moderação de conteúdo, se altera legislações existentes, se determina medidas de transparência, ou mudança na gestão, criação ou execução do modelo de negócio. Para realizar a análise proposta, foi utilizado o software SPSS, considerando as categorias tipificadas e como cada PL as abordava, realizando uma análise descritiva e verificando também os partidos proponentes. A Figura 4 demonstra as categorias e subcategorias analisadas.

A moderação de conteúdo pode ser realizada de maneiras diversas, e sua motivação é a diminuição da incidência de conteúdos danosos dentro das plataformas. A moderação pode ser entendida como a atuação dos provedores na aplicação das regras de seus termos de uso. Em decorrência da pandemia global de covid-19 e diante da explosão desinformacional, as *big techs* começaram a remover com maior frequência postagens com informações enganosas sobre o coronavírus.

A análise da categoria "regula a moderação de conteúdo" se mostra pertinente em razão do escopo do trabalho, levando em consideração os frequentes embates entre o setor público e privado sobre a governança do discurso on-line e o crescimento de críticas quanto à atuação das plataformas na gestão desse conteúdo. Portanto, dentro da categoria, se propôs analisar se os PLs pretendem de alguma forma restringir os poderes das plataformas digitais em moderar conteúdo ou perfis. Para realizar a análise, classificamos os projetos entre: 1) os que citam de maneira geral a moderação de conteúdo, ainda que não estabeleçam medidas; 2) os que estabelecem algum tipo de barreira, proibição ou regulação do procedimento de moderação de conteúdo, englobando aqui os projetos que promovem restrições aos termos de uso de plataforma; e 3) os que determinam que a moderação de conteúdo ou perfil só pode ser feita após imposição de ordem judicial.

Figura 4 – Categorização de propostas legislativas

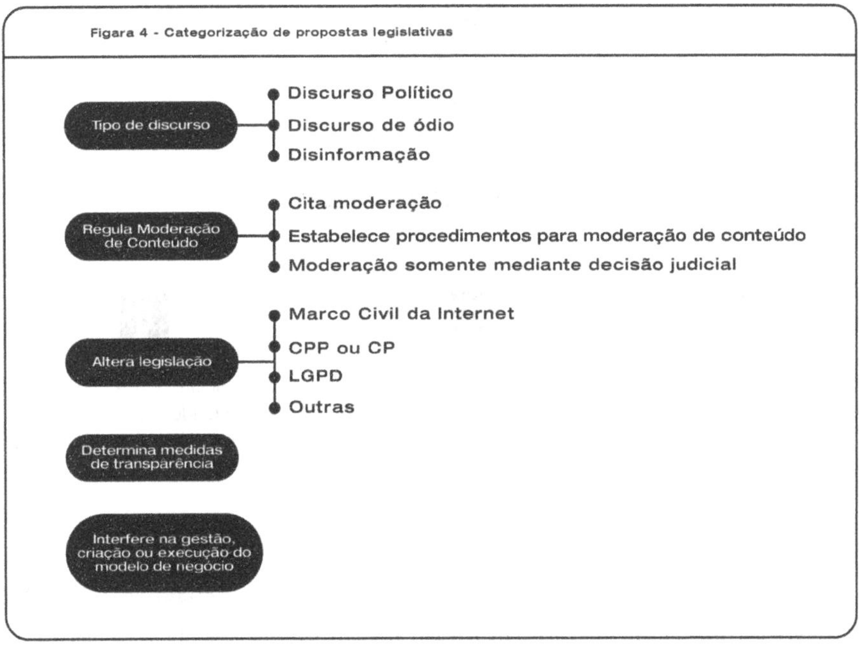

Fonte: Elaboração própria.

Assim, da análise depreendeu-se que, dos 79 PLs mapeados – apensados ao PL nº 2.630/2020 –, 39 citam "moderação de conteúdo" de forma geral, sem necessariamente estabelecer procedimentos para as plataformas. Dentre esses, dezessete projetos estabelecem algum tipo de barreira, proibição ou regulação do procedimento de moderação de conteúdo. Na análise da redação de tais artigos, temos a responsabilização civil por eventuais danos ocasionados pela moderação e a delimitação de medidas a serem tomadas pelas plataformas a partir da moderação de conteúdo, sendo as mais frequentes: obrigação de notificação de usuário, disponibilização dos motivos que levaram à suspensão ou remoção, prazos para contraditório e ampla defesa, e identificação do setor responsável pela remoção. Por fim, dentre os 39, oito determinam que a moderação de conteúdo só pode ocorrer mediante decisão judicial (Figura 5).

Figura 5 – Categorização de propostas legislativas que tratam sobre moderação de conteúdo

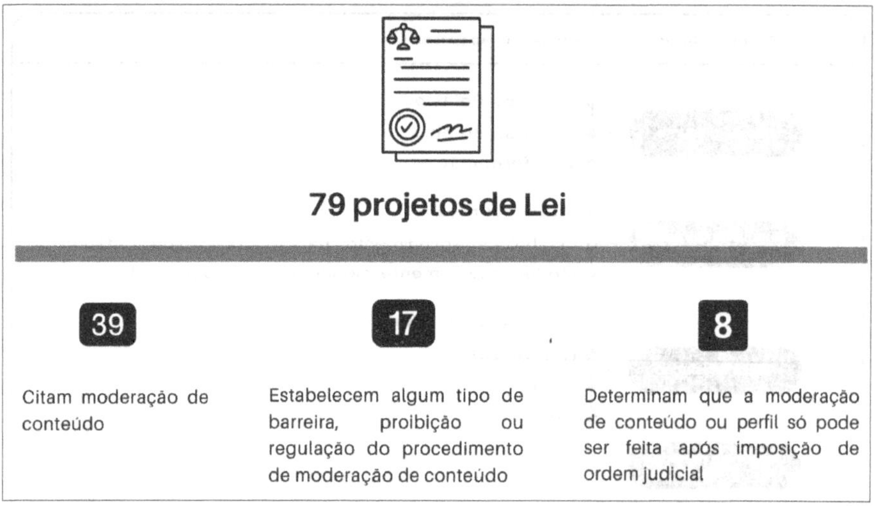

Fonte: Elaboração própria.

Realizando a análise entre os partidos proponentes, observa-se que dos 17 partidos políticos listados, 14 foram responsáveis por elaborar PLs que citam moderação de conteúdo. E analisando o espectro político desses partidos, temos que 73% são de direita, 16% de esquerda, e 11% de centro (Figura 6). A classificação dos partidos pelo espectro político ocorreu a partir da listagem disponibilizada pelo Congresso em Foco (Sardinha; Costa, 2019).

Figura 6 – Espectro político dos partidos que citam moderação de conteúdo

Fonte: Elaboração própria.

Realizando uma análise mais aprofundada de como os partidos elaboraram as propostas legislativas de moderação de conteúdo, foi constatado que apenas três partidos são responsáveis por propor PLs que estabelecem algum tipo de barreira, proibição ou regulação do procedimento de moderação de conteúdo, sendo todos de direita: PP, PSL e PL.

Diversos foram os caminhos indicados nos projetos de lei para restringir o poder de moderação de conteúdo. Um deles é a proposição de que a moderação de conteúdo seja realizada após a imposição de uma decisão judicial; nesse sentido, oito propostas foram apresentadas por três partidos também de direita. São eles: PSL (seis propostas), PSD (uma proposta) e PODE (uma proposta).

No relatório *Desinformação privilegiada*, destinado a entender como os parlamentares estavam se movimentando para desativar ações contra a desinformação, Durigan e Machado (2021) trazem três acontecimentos que se apresentaram como hipóteses fáticas que justificariam a proposição de diversos PLs sobre esse tema pela base governista. Segundo o relatório, as propostas passaram a ser apresentadas a partir da publicação da ordem executiva por Donald Trump, sua suspensão das redes sociais após a invasão do Capitólio e a decisão do Comitê de Supervisão (Oversight Board) do Facebook, que manteve a suspensão de Trump da plataforma – o que, por sua vez, teve como reação, no Brasil, uma declaração de Jair Bolsonaro sobre uma minuta de decreto presidencial para regulamentar o MCI. Ao analisarem os textos dos projetos, os autores verificaram que 15 proposições apresentavam justificativas semelhantes, como, por exemplo: defesa da liberdade de expressão, proteção da democracia, censura, espaço de debate público, contraditório e ampla defesa, neutralidade da rede, Marco Civil da Internet, Constituição Federal, e Trump (DURIGAN; MACHADO, 2021).

Observa-se, a partir dos textos dos projetos e do contexto político e social do Estado brasileiro, que o objetivo geral das proposições é a redução dos poderes das plataformas digitais, principalmente daquelas que oportunizam o espaço de troca e debate. Nesse sentido, a análise da categoria "tipo de conteúdo" é importante para compreender que tipo de discurso que os legisladores se propõem (preocupam) a regular; portanto, a categoria foi subdividida entre: discurso de ódio, discurso político, e desinformação. Para analisar e categorizar o tipo de discurso, considerou-se a menção explícita dos termos nos projetos de lei. A Figura 7 (abaixo) traz a porcentagem dos tipos de discursos regulados por PLs.

Figura 7 – Porcentagem de tipos de discursos regulados por PLs

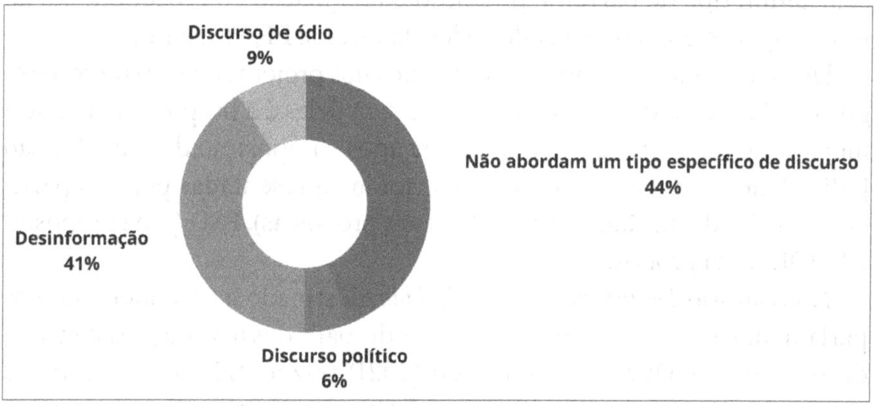

Fonte: Elaboração própria.

Primeiramente, se destaca que 44% dos projetos de lei não abordam nenhum tipo de discurso específico. Isso se justifica porque diversos deles abordam e estabelecem procedimentos de moderação de conteúdo, mas não citam expressamente o tipo de discurso que as plataformas devem ou não moderar. Além disso, salienta-se que alguns dos projetos analisados abordam temas que não guardam relação direta com o discurso on-line, como, por exemplo, desindexação de dados de usuários, obrigação de disponibilização de portabilidade de conteúdo para outras plataformas, checagem de fatos e identificação de usuários no cadastramento.

Depreende-se da análise que o discurso desinformativo é o que recebe mais atenção dos legisladores, e, ao analisarmos o cruzamento intrapartidário, verificamos que, dos 17 partidos listados, 14 propuseram PLs que versam sobre o tema, o que corresponde a 40,5% dos partidos políticos.

Figura 8 – Número de PLs por partido que versam sobre discurso desinformativo

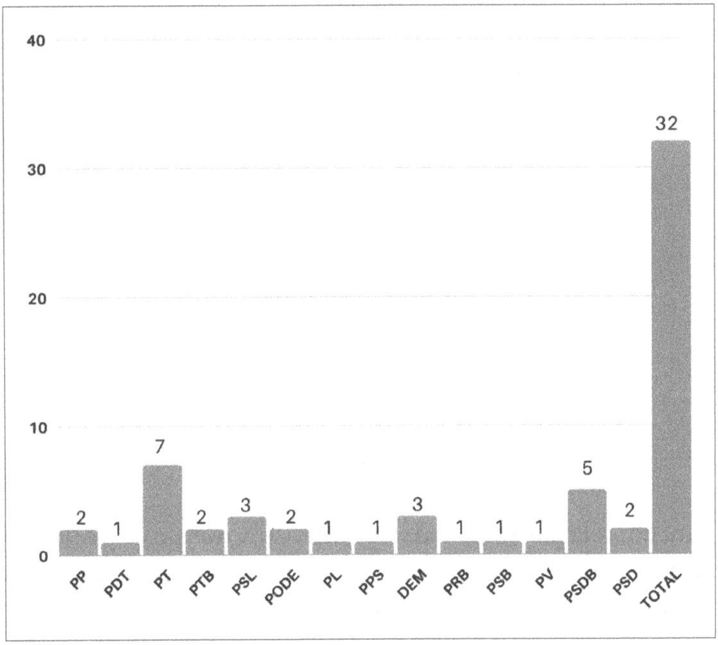

Fonte: Elaboração própria.

Já o discurso de ódio corresponde a apenas 9% dos projetos de lei. Na análise intrapartidária, percebe-se que apenas 8,9% dos partidos legislaram sobre o tema, o que representa um total de cinco partidos. Em relação à frequência de proposição de PLs que mais abordam o tema, se destacam os partidos: PSB (33,3%), PODE (20,0%), PSL (17,6%), PSD (14,3%) e PT (11,1%).

Figura 9 – Número de PLs por partido que versam sobre discurso de ódio

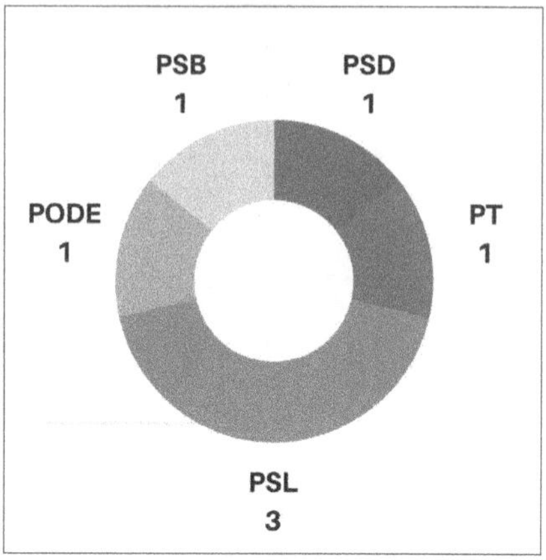

Fonte: Elaboração própria.

Por fim, em relação ao discurso político, 6% dos projetos de lei versam sobre esse tema, e apenas três partidos legislaram sobre ele, sendo eles PSL (17,6%), PSD (14,3%) e DEM (14,3%).

Figura 10 – Número de PLs por partido que versam sobre discurso político

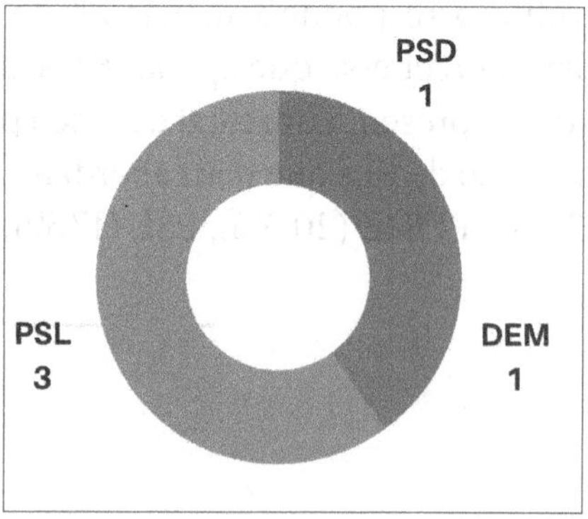

Fonte: Elaboração própria.

Cabe salientar que, ao realizar a análise dos textos, alguns PLs pecam ao ferir a liberdade de expressão e são imprecisos quanto a termos utilizados, como é o caso de *"fake news"* ou "desinformação", que carecem de definições. Além disso, percebeu-se que alguns se propõem a criar tipos penais e multas para aqueles que disseminam desinformação. Nesse mesmo sentido, Bernardi (2020), ao mapear propostas legislativas sobre o tema, no ano de 2019, concluiu que, enquanto uns projetos velam por limitar o discurso de ódio ou procuram estabelecer a remoção de conteúdos das redes sociais, outros fazem um apelo para a censura do debate de ideias. A amplitude de projetos de lei "[...] [demonstra] a necessidade de se estabelecer consensos e estudos do que de fato é passível de aplicação pela legislação, em respeito às normas constitucionais já estabelecidas e sob a égide da liberdade de expressão" (Bernardi, 2020, p. 63).

Nesse sentido, a categoria "altera a legislação" é importante, pois, de acordo com os argumentos trazidos ao longo do trabalho, diversas legislações são ilegítimas ou vão contra as leis já consolidadas no território brasileiro, trazendo modificações que podem resultar em prejuízos. Portanto, dentro dessa categoria, optou-se por analisar se os textos alteram ou acrescentam novos dispositivos ao: Marco Civil da Internet (MCI), Lei Geral de Proteção de Dados Pessoais, Código de Processo Penal, Código Penal ou outras legislações, conforme demonstrado na Figura 11.

Figura 11 – Número de PLS que alteram ou acrescem normas

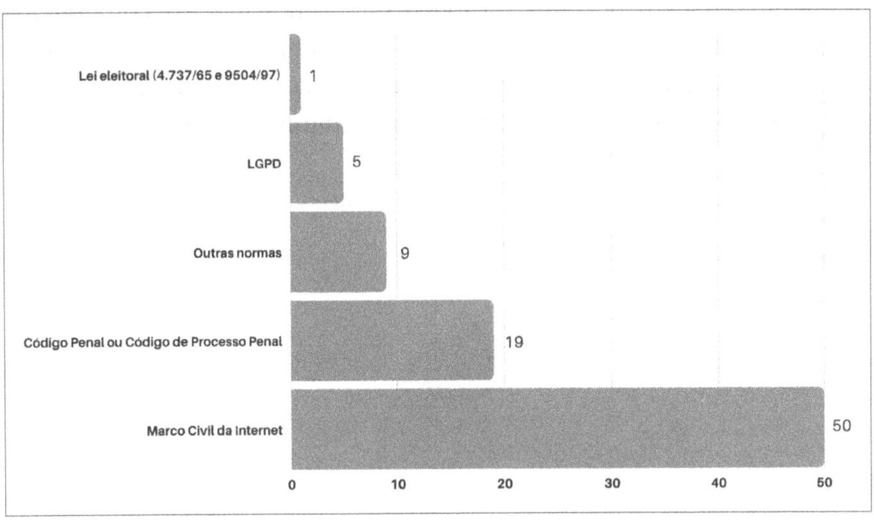

Fonte: Elaboração própria.

Ao analisar a quantidade de PLs que alteram ou acrescem artigos a normas já existentes, observamos que 50 propostas legislativas, embora não determinem de maneira expressa, atingem ou alteram o MCI. Dentre as alterações e acréscimos ao Marco Civil da Internet, temos a alteração da responsabilidade dos intermediários da internet, acréscimo de vedação ao anonimato, determinação de identificação de usuários, portabilidade de dados de usuários, entre outras.

Além disso, 19 delas estipulam alterações no Código Penal ou de Processo Penal, na forma de criação de tipos penais para diversas condutas que disseminam desinformação e alterações e acréscimos a artigos já existentes. Uma das propostas altera o Código Eleitoral, cinco alteram a LGPD, e nove propostas determinam a alteração de outras normas, sendo elas: Lei nº 8.429, de 2 de junho de 1992 (Lei de Improbidade Administrativa), Lei nº 12.850, de 2 de agosto de 2013 (Lei de Organização Criminosa), Lei nº 9.613, de 3 de março de 1998 (Lei de Prevenção à Lavagem de Dinheiro), Lei nº 12.529/2011 (Lei do Sistema Brasileiro de Defesa da Concorrência), Lei nº 7.170, de 14 de dezembro de 1983 (Lei de Segurança Nacional), Lei nº 1.079, de 10 de abril de 1950 (Lei dos Crimes de Responsabilidade), Lei nº 8.069, de 13 de julho de 1990 (Estatuto da Criança e do Adolescente), e Lei nº 8.666, de 21 de junho de 1993 (Lei de Licitações e de Contratos).

É importante salientar que algumas propostas alteram mais de uma norma em seu texto, portanto tornou-se importante mapear a quantidade de normas alteradas por PL, o que está representado na Figura 12. Dos 79 projetos mapeados, 50 alteram apenas uma norma, 12 alteram duas normas, três alteram três normas, e 14 não alteram nenhuma legislação (Figura 12).

Figura 12 – Número de PLS que alteram ou acrescem normas

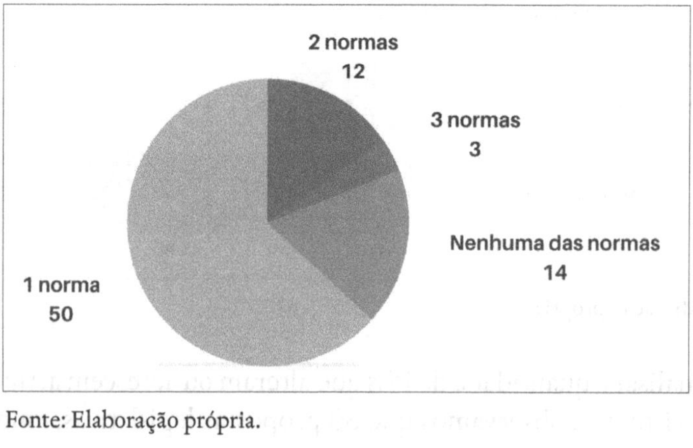

Fonte: Elaboração própria.

Dentre as medidas que são frequentemente solicitadas às plataformas, temos a adoção de maior transparência na moderação de conteúdo. Portanto, optou-se por mapear a quantidade de PLs que determinam medidas de transparência, o que corresponde a 29% dos projetos (Figura 13). Dentre as medidas solicitadas, ressalta-se a obrigação de as plataformas apresentarem relatórios de transparências com a quantidade de usuários e contas existentes, disponibilização de informações sobre as moderações realizadas, bem como os critérios utilizados para a remoção de conteúdos e perfis.

Figura 13 – Porcentagem de PLs que determinam medidas de transparência

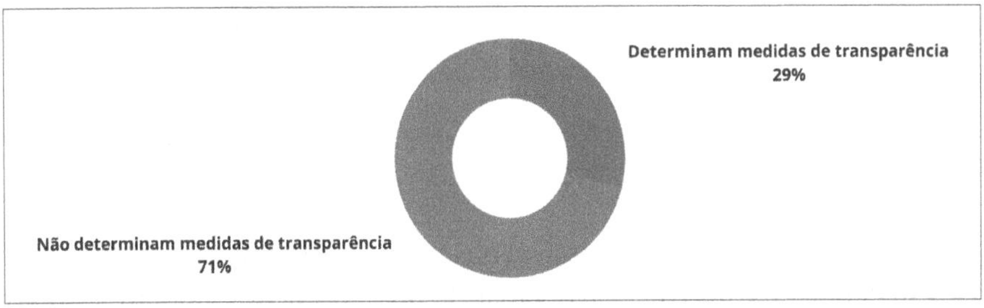

Fonte: Elaboração própria.

Diante de todo o exposto, observa-se que há, no Congresso brasileiro, um movimento intenso de proposituras de PLs que alteram legislações sobre a internet, incidindo em temas ligados à moderação de conteúdo e perfis, responsabilidades de intermediários, dentre outros temas, com o objetivo de reduzir a capacidade de moderação e a liberdade de iniciativa das plataformas digitais. Portanto, para entender de que modo o legislador brasileiro tenta alterar os modelos de negócios, propôs-se a categoria "alteração na gestão, na criação ou na execução do modelo de negócio", entendendo a alteração como artigos que determinem: modificação na forma em que as plataformas moderam conteúdo, proibição de contas automatizadas, identificação de usuários (CPF e RG), imposição de portabilidade de conteúdo, obrigações de transparência e desindexação de informações de usuários e obrigação de uso de checadores de fatos para analisar desinformação nas plataformas, conforme a Figura 14.

Figura 14 – Número de PLs que propõem alteração na gestão, criação ou na execução do modelo de negócio

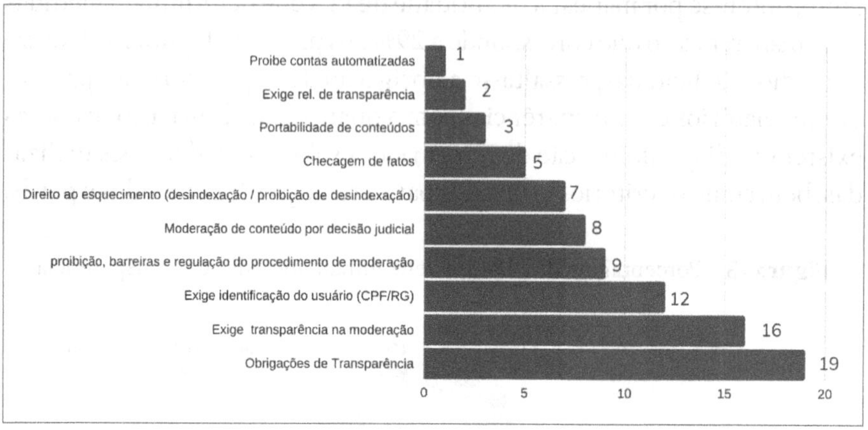

Fonte: Elaboração própria.

De forma geral, o que é possível observar é que as propostas legislativas em debate, mesmo que carregadas de boas intenções, podem ser mais danosas para a discussão livre de ideias do que benéficas no sentido de trazer algum tipo de regularização sobre as notícias falsas. Além do mais, a maioria das propostas legislativas são esparsas e versam diretamente sobre a funcionalidade de plataformas, e aquelas que versam sobre moderação de conteúdo indicam terem sido propostas após as restrições realizadas em perfis de políticos, como é possível identificar pelos dados de proposição por partido, sendo a maioria delas protocoladas pela base governista. Percebe-se que a tentativa de regular e controlar o ambiente on-line não leva em consideração as legislações já existentes, principalmente o Marco Civil da Internet. Todos os projetos analisados encontram-se apensados ao PL nº 2.630 por tratarem de matérias conexas ao tema, portanto é de grande pertinência realizar a análise do conteúdo do referido projeto de lei.

4.2. Pl nº 2.630 (Lei Brasileira de Liberdade, Responsabilidade e Transparência na Internet)

O Projeto de Lei nº 2.630/2020 foi apresentado pelo Senador Alessandro Vieira (Cidadania/SE) no dia 13 de maio de 2020 com o objetivo de instituir a "Lei Brasileira de Liberdade, Responsabilidade e Transparência na internet" e ganhou muita atenção da mídia, pois, sem diálogo com a sociedade e especialistas da área, foi pautado para voto em meio à pandemia do coronavírus e, mesmo sem nenhuma urgência, foi aprovado pelo Senado por 44 votos contra 32 no dia 30 de junho de 2020. Em seguida, foi remetido para a casa revisora, a Câmara dos Deputados, onde hoje se encontra.

Na época, diversas entidades nacionais e internacionais (como, por exemplo, a ONU – Organização das Nações Unidas, Internet Society, Eletronic Frontier Foundation, Global Encryption Coalition, Coalização Direito na Rede, Instituto Liberdade Digital, ABRADEP – Academia Brasileira de Direito Eleitoral e Político, Humans Rights Watch, Conselho Nacional dos Direitos Humanos, entre outras) se manifestaram publicamente sobre a rapidez com que o projeto foi idealizado e modificado para ser votado sem as devidas considerações sobre seus impactos frente ao direito à liberdade de expressão e comunicação e ao direito de privacidade, dentre outros estabelecidos pela própria Constituição, sendo necessário, pela importância do tema, a garantia de um amplo debate com entidades acadêmicas, especialistas e da sociedade civil organizada (ABRADEP; Instituto Liberdade Digital, 2020).

O projeto que ficou popularmente conhecido como "PL das Fake News" foi inicialmente criado com o objetivo de tipificar e combater a distribuição de notícias falsas; entretanto, foi duramente criticado por não ser capaz de cumprir o que prometia. As preocupações quanto ao texto aprovado no Senado Federal eram de diversas naturezas – a disposição de identificação em massa de usuários; a rastreabilidade que enfraquecia a criptografia de ponta a ponta de serviços de mensageria privada e que permitia ao Estado, por meio de determinação judicial, a entrega dos registros de envios de mensagens veiculadas em encaminhamentos em massa, pelo prazo de três meses; e a criação de um conselho de transparência e responsabilidade a ser formado por membros aprovados pelo Congresso Nacional. Além disso, o texto continha inúmeras confusões de conceitos e expressões, se tornando "[...] frágil, ineficiente e com canais de vulnerabilidade que podem comprometer a privacidade de todos" (Rais, 2020).

Em 2021, no âmbito da Câmara dos Deputados, foi criado um grupo de trabalho com o propósito de analisar e elaborar parecer ao projeto de lei e seus apensos, bem como para aperfeiçoar a legislação aprovada no Senado. O grupo de trabalho realizou 20 reuniões e 15 audiências públicas, que contaram com a participação de mais de 150 especialistas na matéria. No dia 21 de novembro de 2021, o relator deputado Orlando Silva (PCdoB –

SP) protocolou o relatório nº 2/2021, proposta substitutiva à versão anterior do projeto de lei. Já no dia 30 de novembro de 2021, o relator apresentou novo relatório, nº 3/2021, para complementar seu voto, o que será analisado neste capítulo, além de protocolar um requerimento de urgência para a votação da referida proposta.

Embora diversos parlamentares tenham manifestado a intenção de votar o projeto no ano de 2021, até o dia 17 de dezembro de 2021 a proposta não havia entrado em pauta. Portanto, espera-se que após o recesso parlamentar o projeto seja votado. A urgência em se aprovar o PL nº 2.630 se justifica, em parte, pois pode vir a ser aplicado nas eleições presidenciais de 2022, ainda que haja controvérsia, já que alguns artigos do projeto de lei abordam questões sobre o processo eleitoral. Portanto, caberá ao judiciário decidir se os atos irão ser abarcados ou não pelo artigo 16[18] da Constituição Federal, que dispõe sobre a norma da anualidade eleitoral.

A análise de conteúdo do Projeto de Lei nº 2.630/2020 se mostra importante para o escopo deste trabalho, tendo em vista as diversas discussões em torno do texto, que recebeu muita atenção midiática durante os anos de 2020 e 2021. Além disso, o projeto aborda de maneira ampla diversos aspectos das plataformas digitais, de interferência em relações contratuais e na organização interna dos provedores e no desenho de produtos.

Nesse sentido, mostra-se importante mapear o conteúdo do PL para entender: 1) quantos artigos falam sobre *fake news* e desinformação; 2) quantos artigos falam sobre regulação de plataformas; e 3) quantos artigos falam sobre outros assuntos; 4) quais tipos de poderes, segundo a conceituação de Moore (2016), são regulados pelo legislador brasileiro. Assim, a análise foi desenvolvida a partir da leitura e análise do texto do relatório nº 2/2021, apresentado pelo relator, o deputado Orlando Silva, que se trata de proposta substitutiva ao PL nº 2.630/2020.

[18] "Art. 16. A lei que alterar o processo eleitoral entrará em vigor na data de sua publicação, não se aplicando à eleição que ocorra até um ano da data de sua vigência" (BRASIL, 1988).

Figura 15 – Número de artigos do PL nº 2.630 que falam sobre desinformação, regulação de plataformas ou outros temas

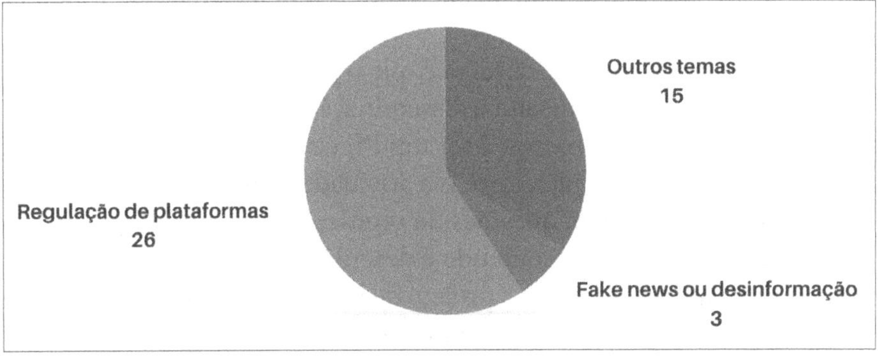

Fonte: Elaboração própria.

Da análise dos 42 artigos do projeto de lei, foi possível identificar que o PL popularmente conhecido como "PL das Fake News" possui apenas três artigos que tratam ou citam a desinformação. Um deles, o artigo 30, determina deveres dos entes públicos em implementar medidas de educação midiática para o uso consciente da internet e campanhas para evitar a desinformação. Já o artigo 33 determina que o Comitê Gestor da Internet (CGI.br) deverá promover estudos e debates para aprofundar entendimentos sobre desinformação e seu combate no contexto da internet e redes sociais. Por fim, o artigo 36 cria um tipo penal para a conduta de promover ou financiar, pessoalmente ou por meio de terceiros, mediante uso de contas automatizadas, não fornecidas pelo provedor de aplicações da internet, a disseminação em massa de mensagens que contenham fatos sabidamente inverídicos e passíveis de sanção criminal que possam ocasionar danos à integridade física das pessoas ou sejam capazes de comprometer a higidez do processo eleitoral. Assim, dentre os três artigos, apenas um aborda de forma direta a disseminação de desinformação, na forma de "fatos inverídicos".

Por outro lado, 16 artigos abordam outros assuntos, sendo eles: objetivos da lei; regras sobre a utilização de contas em redes sociais por entidades e órgãos da administração pública, direta ou indireta, e pelos agentes políticos cuja competência advém da Constituição Federal; proibição de que esses agentes restrinjam a visualização de suas publicações por outras contas; vedação da administração pública em destinar recursos públicos para publicidade em plataformas que promovem discursos violentos; vedação de recebimento de remuneração publicitária por parte de detentores de cargos eletivos; composição do plenário do CGI.br; destinação de multas; prazo para a lei entrar em vigor.

De forma geral, o que se observa é que o projeto de lei que foi inicialmente concebido para combater a disseminação de desinformação ou *fake news* mudou de rumo e passou a ser um PL que, em sua grande parte, é endereçado a regular as plataformas e atividades digitais. Tanto é que 26 artigos do texto abordam questões de regulação comercial, organização interna dos provedores de conteúdo e desenho de produtos.

É importante ressaltar que o projeto de lei se propõe a regular as plataformas digitais, aqui entendidas como provedores de conteúdo ou plataformas de mídias sociais, no que diz respeito aos serviços de: ferramentas de busca (ex. Google), mensageria instantânea (ex. WhatsApp, Telegram) e redes sociais (ex. Facebook, Instagram, entre outros), e somente é aplicado a empresas que ofertem serviços ao público brasileiro e cujo número de usuários registrados no país seja superior a 10.000.00 (dez milhões), ou seja, acaba por se centrar nas empresas de tecnologia dominantes no país.

Nesse sentido, a análise de conteúdo dos artigos foi realizada de modo a entender quais se aplicam a redes sociais, serviços de mensageria instantânea ou serviços de ferramentas de busca. Em um segundo momento, realizou-se a classificação do tipo de conteúdo dos artigos para entender em que medida eles promovem ou não a limitação dos poderes de plataforma.

Da análise percebe-se que a maior regulação e as determinações de procedimento se dão em torno dos serviços de mensageria e redes sociais, ficando as ferramentas de busca em um segundo plano. Ao categorizar os artigos e quais tipos de plataformas eles regulam, percebe-se que 25 tratam sobre serviços de mensageria instantânea, 23 de redes sociais, e 20 sobre ferramentas de buscas.

Figura 16 – Número de artigos do PL nº 2.630 por provedores (redes sociais, serviços de mensageria instantânea e ferramentas de busca)

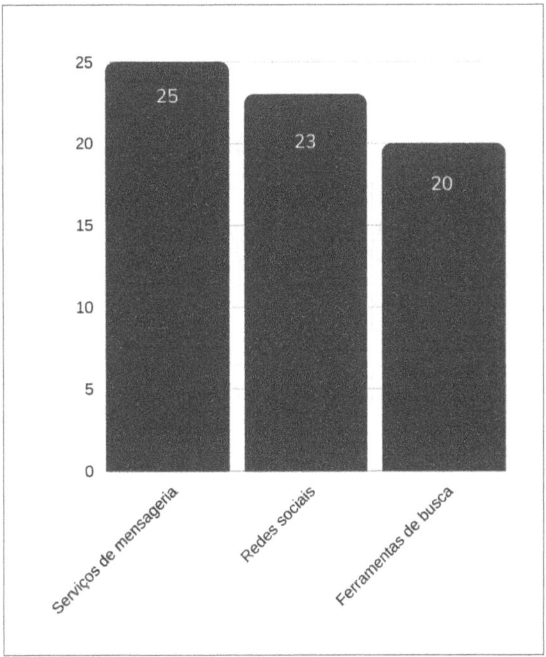

Fonte: Elaboração própria.

Quadro 1 – Mapeamento do conteúdo dos artigos do PL nº 2.630 e aplicação por provedores

DETERMINAÇÕES	REDES SOCIAIS	SERVIÇOS DE MENSAGERIA	FERRAMENTAS DE BUSCA
Vedação a discriminação ilícita ou abusiva de usuários	✔	✔	✔
Responsabilidade pela preservação de uma esfera pública livre, plural e democrática	✔	✔	✔
Elaboração de regras próprias respeitando a legislação nacional	✔	✔	✔
Vedação a combinação do tratamento de dados com os de serviços prestados por terceiros, com o objetivo exclusivo a exploração direta e indireta no mercado em que atua ou em outros mercados	✔	✔	✔
Relatórios e medidas de transparência	✔	✔	✔
Identificação e disponibilização de histórico dos conteúdos impulsionados e publicitários	✔	✔	✔
Seguir diretrizes e subsídios para as políticas de uso e autoregulação a serem elaborados pelo CGI	✔	✔	✔
Criar instituição de autorregulação voltada à transparência e à responsabilidade no uso da internet	✔	✔	✔
Remunerar conteúdos jornalísticos	✔	✔	✔
Vedar contar automatizadas não identificadas como tal	✔	✔	
Identificação de contas que apresentam movimentação incompatível com a capacidade humana	✔	✔	

DETERMINAÇÕES	REDES SOCIAIS	SERVIÇOS DE MENSAGERIA	FERRAMENTAS DE BUSCA
Procedimentos sobre exclusão, indisponibilização, redução de alcance ou sinalização de conteúdos por terceiros ou de suas contas	✓	✓	
Informar usuários sobre erro de moderação de conteúdo	✓	✓	
Projetar plataformas para manter a natureza interpessoal do serviço e limitar a distribuição em massa de conteúdos		✓	
Projetar que Listas de transmissões só podem ser encaminhadas e recebidas por pessoas identificadas nas listas de contatos de remetentes e destinatários		✓	
Aferir consentimento prévio do usuário para inclusão em grupos, listas de transmissões ou agrupamento de usuários		✓	
Desabilitar a autorização para inclusão em grupos listas de transmissões ou agrupamento de usuários		✓	
Proibição de venda de softwares plugins e quaisquer outras tecnologias que permitam disseminação massiva de mensagens		✓	
Criar soluções para identificar e impedir mecanismos externos de distribuição massiva		✓	
preservar e disponibilizar, mediante decisão judicial, dos registros de interações de usuários determinados		✓	

DETERMINAÇÕES	REDES SOCIAIS	SERVIÇOS DE MENSAGERIA	FERRAMENTAS DE BUSCA
Disponibilizar informações adicionais relacionadas a usuários determinados		✔	
desenvolver medidas para que o serviço seja usado estritamente para finalidade comercial, divulgação de produtos ou serviços comerciais, ou prestação de serviço público		✔	
Exigência de declaração consicente e inequivoca de que o aplicativo comercial não pode ser utilizado para finalidades de propaganda eleitoral e partidaria		✔	
Bloqueio de contas que não se enquadrem no escopo do serviço comercial		✔	

Fonte: Elaboração própria.

Pela análise de conteúdo dos artigos, percebe-se que as determinações em comum para todos os provedores dizem respeito à vedação à discriminação ilícita ou abusiva de usuários, à necessidade de preservar uma esfera pública livre, plural e democrática, a seguir diretrizes e fornecer subsídios para as políticas de uso e autorregulação que serão elaborados pelo CGI.br, à criação de instituição de autorregulação voltada à transparência e à responsabilidade no uso da internet. Todas essas medidas se relacionam com o poder das plataformas de dar voz às pessoas, poder de permitir ações coletivas e o poder de comandar atenção.

Ao estabelecer que as empresas necessitam realizar a identificação e disponibilização do histórico dos conteúdos impulsionados e publicitários, inclusive no que tange a conteúdos eleitorais, há o controle indireto do poder das plataformas de influenciar o voto. É interessante ressaltar que o projeto de lei dispõe que entidades e órgãos da administração pública, direta ou indireta, e agentes políticos cuja competência advém da própria Constituição não podem restringir a visualização das publicações por outras contas.

Quando observamos a determinação de remuneração do conteúdo jornalístico ao detentor dos direitos do autor do conteúdo utilizado, estamos olhando para o poder de comunicar notícias exercido pelas plataformas, muito embora o artigo tenha sido alvo de críticas em razão da "amplitude" do texto e por não considerar a complexidade do tema.

Percebe-se ainda que, no que tange a moderação de conteúdo, o PL determina obrigações para as redes sociais e serviços de mensageria, estabelecendo critérios e procedimentos a serem observados pelas plataformas que gerenciam conteúdo de terceiros em seus espaços, de modo a limitar ou regular o poder de comandar a atenção e dar voz às pessoas. Além disso, decisões de provedores que constituam intervenção ilícita ou abusiva em contas e conteúdos de interesse público autorizam o ajuizamento de decisões judiciais para a sua restauração.

Dentre as previsões constantes no PL, as medidas de transparência são as que mais receberam atenção, obrigando as plataformas a produzir relatórios semestrais informando sobre procedimentos e decisões relativas à intervenção ativa de contas e conteúdos gerados por terceiros que impliquem a exclusão, indisponibilização, redução de alcance, sinalização de conteúdos e outras medidas que restrinjam a liberdade de expressão. Além disso, os relatórios devem conter inúmeras informações sobre o procedimento de moderação de conteúdo, incluindo as características gerais das equipes envolvidas na aplicação de políticas de conteúdos gerados por terceiros, incluindo modelo de contratação, estatísticas sobre idioma de trabalho, qualificação, atributos demográficos e nacionalidade.

Ademais, chama atenção os artigos voltados para os serviços de mensagens instantâneas que estabelecem diversos procedimentos de organização interna, além de determinar como as empresas devem desenvolver e projetar seus serviços, demonstrando ser uma norma que interfere na livre iniciativa das empresas. Alguns dos exemplos dessas medidas são a obrigação de projetar as plataformas para manter a natureza interpessoal do serviço, o limite de distribuição massiva de conteúdos e mídias, limite de encaminhamento de mensagens ou mídias para vários destinatários, a instituição de mecanismos para aferir consentimento prévio, desabilitação da autorização para inclusão em grupos, listas de transmissões ou mecanismos equivalentes para encaminhamento de mensagens para múltiplos usuários, bem como o desenvolvimento de medidas para garantir que os serviços destinados a uso comercial sejam usados estritamente para essa finalidade. Cabe salientar que, durante os últimos anos, a plataforma WhatsApp já havia implementado algumas dessas medidas sem que houvesse a determinação estatal.

CONCLUSÕES

Esta obra buscou avançar em análises qualitativas sobre o equilíbrio entre a relação de poder estatal frente às *big techs* ou plataformas intermediadoras de conteúdo. A partir da ampliação da utilização da internet, conexão móvel, digital e desenvolvimento de novas tecnologias observamos uma mudança na ordem internacional. Nesse novo espaço de economia digital as informações passaram a ter o potencial de gerar produtos e serviços e a utilização de dados tornou-se obra-prima para empresas que estruturaram seus modelos de negócios a partir do processamento de dados e a conversão em ativos informacionais.

As plataformas digitais são sistemas tecnológicos que operam, na camada de infraestrutura ou aplicação da internet, como mediadores ativos de interações, comunicações e transações entre indivíduos e organizações. A utilização de big data e algoritmos possibilita a criação de loopings de feedback que captam novos usuários e geram a melhoria constante dos serviços. Isso, aliado ao poder de porteiro controlando tecnologias das quais outras empresas dependem para fazer seus negócios, as colocam em posições estratégicas de mercado, assim, o poder e a influência desses players não se restringem apenas ao campo econômico, mas abrangem diversas questões sociais, políticas e cívicas.

Diante da inserção continua dessas empresas em mais setores da sociedade observamos a produção de um Estado de bem-estar privatizado, no qual as atividades passaram a ser, cada vez mais, subsidiadas por empresas de tecnologia. As interações sociais e econômicas passaram a ocorrer por intermédio de uma infraestrutura digital globalmente conectada. Assim, o surgimento desse modelo de negócios movido a dados trouxe à tona grandes questões de contenção global, como antitruste, big data e moderação do discurso online. Para além disso, os conceitos de autoridades soberanas passaram a ser desafiados a partir das ferramentas fornecidas pelos intermediários de conteúdo que, de fato, agora possuem a infraestrutura da "arena pública" de debates.

Essas ferramentas de comunicação são de extrema importância para a conexão de pessoas, construção de conhecimento, disseminação de notícias, formação de agenda de discussões e a simplificação do engajamento político; entretanto, no cotidiano, as empresas de mídia social precisam lidar com o seu papel de provedor de plataforma (onde não são responsáveis pelo conteúdo) versus seu papel de moduladores de conteúdos (onde se comprometem a eliminar conteúdos danosos e indesejados que circulam em seus espaços). A crescente atuação das plataformas em manejar os conteúdos que são veiculados em seus ambientes as colocam em uma posição de protagonismo nas políticas regulatórias de liberdade de expressão, pois possuem o poder de influenciar, aumentar ou restringir opiniões, campanhas e movimentos políticos.

O controle da informação, antes centrado nos Estados, passou a ser assumido pelas plataformas gerando diversas tensões, interesses econômicos, sociais, culturais ou politicamente conflitantes e, a questão do que deve ser feito em relação ao poder dessas plataformas se traduz no debate se elas devem ou não ser mais reguladas pelos governos.

Conforme foi visto, a noção de soberania relacionada à ideia de poder e dominação sobre um território é fruto de construções históricas, mas seu significado mudou. Diante da ordem econômica globalizante e a natureza transfronteiriça da internet as fronteiras geográficas se tornaram menos relevantes, rompendo a noção tradicional das fronteiros do Estado. Assim, o conceito de soberania foi reformado tornando-se um poder teoricamente superior, mas "praticamente ineficaz".

As plataformas digitais deixaram de ser meras intermediárias de relações e tornaram-se utilidades públicas, assim, se a soberania está relacionada ao poder, podemos afirmar que as próprias plataformas são soberanas na medida em que assumem novas formas de poderes políticos e econômicos, desafiando o poder soberano antes centrado no Estado. Dessa forma, foi possível verificar que o cerne do problema não está no modelo de negócio de plataformas, mas sim no poder que elas detêm e delas decorre. Esse dilema provoca uma série de resposta dos governos nacionais e regionais, que tentam de alguma forma recuperar o seu poder, inclusive sob o setor privado. Entretanto, governos vêm enfrentando dificuldades pois as estruturas éticas e regulatórias não conseguiram acompanhar os rápidos avanços da tecnologia. O que se observa é uma multiplicação tentativas regulatórias que carecem de padrões consensuais.

De fato, é necessário reconhecer que as formas tradicionais de projeção do poder do Estado não são as mais eficazes e as legislações precisam ser aprimoradas para atender os desafios impostos pelas plataformas digitais. Os governos e Instituições públicas precisam entender não apenas a dinâmica das plataformas e como funcionam, mas as premissas ideológicas nas quais funcionam, bem como as implicações sociais de sua operação. Diante desse cenário às pressões mercadológicas e governamentais, acabam interferindo no comportamento de usuários ao redor do mundo e cria-se um descompasso entre a regulação privada e as regulações estatais locais.

É o exemplo do Legislador Brasileiro, que a partir das crescentes preocupações em relação à liberdade de expressão passou a elaborar projetos de lei que se contrapõe. Da análise dos diferentes espectros políticos percebe-se que tanto a esquerda quanto a direita partem de interpretações diferentes sobre a liberdade de expressão, uma mais ampla e outra mais restritiva, mas que ao fim se propõe a um mesmo fim, controlar o poder das plataformas na governança do discurso on-line. Da análise dos textos legais foi possível identificar uma carência de conhecimento técnico do poder público sobre os serviços de plataformas. Na maioria dos projetos de lei há confusões de conceitos, contradições de como deve ocorrer procedimentos de moderação de conteúdo. A amplitude de projetos de lei demonstra a necessidade de se estabelecer consensos e estudos do que de fato é passível de aplicação pela legislação, em respeito às normas constitucionais já estabelecidas e sob a égide da liberdade de expressão. Além disso, é necessário que os Estados definam qual problema pretendem solucionar e qual é o futuro desejado para a sociedade no ambiente digital.

O grande dilema ao fim é que os formuladores de política precisam desenvolver estruturas regulatórias que acompanhem o fluxo do ecossistema de plataformas que é de rápida evolução e mudança. Ao que tudo indica a internet e as novas tecnologias sempre passarão por transformações e não cabe ao Estado tentar regular na mesma velocidade em que as mudanças tecnológicas ocorrem.

Nesse mesmo sentido, a alfabetização digital do público tem o potencial de melhorar os espaços digitais e a familiaridade das pessoas com os lados sombrios das tecnologias, possibilitando a criação de novos espaços com objetivos cívicos em que os que os cidadãos e grupos participem diretamente na formulação de politicas públicas e prestação de serviços. Públicos saudáveis, informados e engajados são melhores consumidores e cidadãos.

As regulações precisam necessariamente preservar direitos fundamentais e ser debatidas com cautela para que sejam adequadas e eficientes. Além disso, a governança do conteúdo on-line precisa ser realizada de modo a focar na promoção da transparência e prestação de contas, de modo que a estrutura de *accountabilty* possa ser realizada de forma voluntária pelas plataformas, corregulação ou imposta por meio de ação regulatória do estado.

Não há uma solução mágica que criará a mudança de cultura, alcançar uma transformação dos espaços digitais exigirá uma governança compartilhada entre o setor privado, setor acadêmico, terceiro setor e o poder público. O modelo multissetorial, deve ser voltado para o bem público e concentrado em infraestruturas éticas que valorizem as pessoas e permita que o lucro e o impacto social se unam. Sendo necessário, portanto, a definição de uma abordagem regulatória adequada para o contexto brasileiro, elencando quais aspectos da atuação dessas plataformas devem ser regulados, em busca da construção de diretrizes mínimas, conceitos e definições que possam contribuir com um modelo regulatório eficaz.

REFERÊNCIAS

ACADEMIA BRASILEIRA DE DIREITO ELEITORAL E POLÍTICO (ABRADEP); INSTITUTO LIBERDADE DIGITAL. **Nota Técnica:** Instituto Liberdade Digital e ABRADEP. 24 jun. 2020. Disponível em: <http://www.institutoliberdadedigital.com.br/site/2020/06/primeiros-comentarios-sobre-as-propostas-legislativas-para-a-criacao-de-uma-lei-brasileira-de-liberdade-responsabilidade-e-transparencia-na-internet/>. Acesso em: 6 dez. 2021.

ALECRIM, Emerson. Facebook encerra VPN Onavo após polêmica de privacidade. **Tecnoblog**, 22 fev. 2019. Disponível em: <https://tecnoblog.net/noticias/2019/02/22/facebook-fim-onavo-protect-vpn/>. Acesso em: 18 jan. 2022.

ALMEIDA, Lia de Azevedo. Poder e políticas públicas: o que nos dizem os modelos teóricos? **Revista Agenda Política**, v. 4, n. 3, p. 216–237, set./dez. 2016. DOI: 10.31990/10.31990

ALMEIDA, Paulo Samuel de. **Indústria 4.0:** princípios básicos, aplicabilidade e implantação na área industrial. São Paulo: Saraiva, 2019.

ALPHABET announces second quarter 2021 results. July 27, 2021. Disponível em: <https://abc.xyz/investor/static/pdf/2021Q2_alphabet_earnings_release.pdf?cache=4db52a1>. Acesso em: 13 dez. 2021.

AMAZON. Amazon.com announces second quarter results. **Amazon**, July 29, 2021. Disponível em: <https://ir.aboutamazon.com/news-release/news-release-details/2021/Amazon.com-Announces-Second-Quarter-Results-2dcdc6a32/default.aspx#:~:text=(NASDAQ%3A%20AMZN)%20today%20announced, months%20ended%20June%2030%2C%202020>. Acesso em: 13 dez. 2021.

APPLE. Apple reports third quarter results. **Apple Newsroom**, July 27, 2021. Disponível em: <https://www.apple.com/newsroom/2021/07/apple-reports-third-quarter-results/>. Acesso em: 13 dez. 2021.

ASKONAS, Jon; SCHULMAN, Ari. Why speech plataforms can never escape politics. **National Affairs**, n. 50, 2022. Disponível em: <https://www.nationalaffairs.com/why-speech-platforms-can-never-escape-politics>. Acesso em: 18 jan. 2022.

BACHRACH, Peter; BARATZ, Morton S. Two faces of power. **The American Political Science Review**, v. 56, n. 4, p.

947-952, 1962. Disponível em: <http://www.columbia.edu/itc/sipa/U6800/readings-sm/bachrach.pdf>. Acesso em: 18 jan. 2022.

BAGNOLI, Vicente. **Direito e poder econômico**. Os limites jurídicos do imperialismo frente aos limites econômicos da soberania. Rio de Janeiro: Elsevier, 2009.

BALKIN, Jack M. Old-school/new-school speech regulation. **Harvard Law Review**, v. 127, p. 2296-2342, 2014. Disponível em: <https://digitalcommons.law.yale.edu/cgi/viewcontent.cgi?article=5886&context=fss_papers>. Acesso em: 05 ago. 2021.

BAQUERO. Marcello. **A pesquisa quantitativa nas ciências sociais**. Porto Alegre: Editora da UFRGS, 2008.

BARLOW, John Perry. A declaration of the independence of cyberspace. Electronic Frontier Foundation, 1996. Disponível em: <https://www.eff.org/pt-br/cyberspace-independence>. Acesso em: 05 ago. 2021.

CORTELLA, Mario Sergio; BARROS FILHO, Clóvis de. **Ética e vergonha na cara**. Papirus 7 Mares, 2015.

WERNER, Gabriela. BATTISTI, Roberta. O hiato digital de gênero e o acesso às ferramentas digitais no período pós-covid-19. In: CARVALHO, David França; KRAFT, Dan Markus (Orgs.). **O direito dos negócios na era pós covid-19**. Belo Horizonte, São Paulo: Editora d'Placido, 2020.

BAYE, Michael R.; MORGAN, John. Information gatekeepers on the internet and the competitiveness of homogeneous product markets. **The American Economic Review**, v. 91, n. 3, p. 454-474, 2001. Disponíel em: <www.jstor.org/stable/2677873>. Acesso em: 6 jun. 2021.

BELL, Emily. **Silicon Valley and journalism:** make up or break up? [Reuters Memorial Lecture 2014]. Oxford: Reuters Institute, Nov. 21, 2015. Disponível em: <http://reutersinstitute.politics.ox.ac.uk/events/silicon-valley-and-journalism-make-or-break>. Acesso em: 10 jan. 2022.

BELLI, Luca; FRANCISCO, Pedro Augusto; ZINGALES, Nicolo. Law of the land or law of the platform? Beware of the privatisation of regulation and police. In: BELLI, Luca. **How platforms are regulated and how they regulate us**. FGV, 2017.

BERNARDI, Ana Julia. **Fake news e as eleições de 2018 no Brasil:** como diminuir a desinformação? Curitiba: Apris, 2020.

BERNARDI, Ana Julia *et al.* Glossário temático. In. RAIS, Diogo (Coord.). **Fake news:** a conexão entre a desinformação e o direito. 2. ed. São Paulo: Thomson Reuters Brasil, 2020.

BIDDLE, Sam; RIBEIRO, Paulo Victor; DIAS, Tatiana. Censura invisível. TikTok escondeu "feios" e favelas para atrair novos usuários e censurou post políticos. The Intercept Brasil, 16 mar. 2020. Disponível em: <https://theintercept.com/2020/03/16/tiktok-censurou-rostos-feios-e-favelas-para-atrair-novos-usuarios/>. Acesso em: 12 jan. 2022.

BOBBIO, Norberto. **Teoria geral da política:** a filosofia política e as lições dos clássicos. Rio de Janeiro: Campus, 2000.

BOBBIO, Norberto. **A teoria das formas de governo**. 9. ed. Brasília: Editora Universidade de Brasília, 1997a.

BOBBIO, Norberto. **Igualdade e liberdade**. Rio de Janeiro: Ediouro, 1997b.

BOBBIO, Norberto. **O positivismo jurídico:** lições de filosofia do direito. São Paulo: Ícone, 1995.

BOBBIO, Norberto. **Estado, governo, sociedade:** para uma teoria geral da política. Rio de Janeiro: Paz e Terra, 1987.

BODIN, Jean. **Os seis livros da república:** livro primeiro. Tradução, introdução e notas José Carlos Orsi Morel. Revisão José Ignacio Coelho Mendes Neto. São Paulo: Ícone, 2011. (Coleção Fundamentos do Direito).

BOETTCHER, Michael. **Revolução Industrial:** um pouco de história da Indústria 1.0 até a Indústria 4.0. **Linkedin**, 26 nov. 2015. Disponível em: <https://pt.linkedin.com/pulse/revolu%C3%A7%C3%A3o-industrial-um-pouco-dehist%C3%B3ria-da-10-at%C3%A9-boettcher>. Acesso em: 10 maio 2018.

BOLSONARO pode ter canal removido do YouTube se receber 3 avisos de violação; entenda regras. **G1**, 26 out. 2021. Disponível em: <https://g1.globo.com/tecnologia/noticia/2021/10/26/bolsonaro-pode-ter-canal-removido-do-youtube-se-receber-3-avisos-de-violacao-entenda-regras.ghtml>. Acesso em: 11 jan. 2022.

BONAVIDES, Paulo. **Teoria geral do Estado**. 10. ed. rev. aum. São Paulo: Malheiros, 2015.

BONAVIDES, Paulo. **Ciência política**. São Paulo: Malheiros, 2011.

BOND, Robert M. *et al.* A 61-million-person experiment in social influence and political mobilization. **Nature**, v. 489, p. 295-298, set. 2012. Disponível em: <https://www.nature.com/articles/nature11421>. Acesso em: 10 jan. 2022.

BOWERS, John; ZITTRAIN, Jonathan. Answering impossible questions: content governance in an age of disinformation. Misinformation Review, Jan. 14, 2020. Disponível em: <https://misinforeview.hks.harvard.edu/article/content-governance-in-an-age-of-disinformation/>. Acesso em: 18 jan. 2022.

BRASIL. **Redes sociais, notícias falsas e privacidade de dados na internet**. Pesquisa Data Senado. Brasília, nov. 2019. Disponível em: <https://www2.camara.leg.br/a-camara/estruturaadm/ouvidoria/dados/pesquisa-nov-2019-relatorio-sem-tabelas>. Acesso em: 11 jan. 2022.

BRASIL. Lei nº 12.965, de 23 de abril de 2014. Estabelece princípios, garantias, direitos e deveres para o uso da Internet no Brasil. **Diário Oficial da União**, 24 abr. 2014.

BRASIL. Lei nº 12.850, de 2 de agosto de 2013. Define organização criminosa e dispõe sobre a investigação criminal, os meios de obtenção da prova, infrações penais correlatas e o procedimento criminal; altera o Decreto-Lei nº 2.848, de 7 de dezembro de 1940 (Código Penal); revoga a Lei nº 9.034, de 3 de maio de 1995; e dá outras providências. **Diário Oficial da União**, 5 ago. 2013.

BRASIL. Lei nº 12.529, de 30 de novembro de 2011. Estrutura o Sistema Brasileiro de Defesa da Concorrência; dispõe sobre a prevenção e repressão às infrações contra a ordem econômica; altera a Lei nº 8.137, de 27 de dezembro de 1990, o Decreto-Lei nº 3.689, de 3 de outubro de 1941 – Código de Processo Penal, e a Lei nº 7.347, de 24 de julho de 1985; revoga dispositivos da Lei nº 8.884, de 11 de junho de 1994, e a Lei nº 9.781, de 19 de janeiro de 1999; e dá outras providências. **Diário Oficial da União**, 1 nov. 2011.

BRASIL. Lei nº 9.613, de 3 de março de 1998. Dispõe sobre os crimes de "lavagem" ou ocultação de bens, direitos e valores; a prevenção da utilização do sistema financeiro para os ilícitos previstos nesta Lei; cria o Conselho de Controle de Atividades Financeiras – COAF, e dá outras providências. **Diário Oficial da União**, 4 mar. 1998.

BRASIL. Lei nº 8.666, de 21 de junho de 1993. Regulamenta o art. 37, inciso XXI, da Constituição Federal, institui normas para licitações e contratos da Administração Pública e dá outras providências. **Diário Oficial da União**, 22 jun. 1993.

BRASIL. Lei nº 8.429, de 2 de junho de 1992. Dispõe sobre as sanções aplicáveis em virtude da prática de atos de improbidade administrativa, de que trata o § 4º do art. 37 da Constituição Federal; e dá outras providências. **Diário Oficial da União**, 3 jun. 1992.

BRASIL. Lei nº 8.069, de 13 de julho de 1990. Dispõe sobre o Estatuto da Criança e do Adolescente e dá outras providências. **Diário Oficial da União**, 16 jul. 1990.

BRASIL. Constituição (1988). **Constituição da República Federativa do Brasil**. Brasília, DF: Centro Gráfico, 1988.

BRASIL. Lei nº 7.170, de 14 de dezembro de 1983. Define os crimes contra a segurança nacional, a ordem política e social, estabelece seu processo e julgamento e dá outras providências. **Diário Oficial da União**, dez. 1983.

BRASIL. Lei nº 1.079, de 10 de abril de 1950. Define os crimes de responsabilidade e regula o respectivo processo de julgamento. **Diário Oficial da União**, 12 abr. 1950.

BRUNS, Alex. Gatekeeping, gatewatching, realimentação em tempo real: novos desafios para o jornalismo. **Brazilian Journalism Research**, v. 7, n 11, p. 119-140, 2011. Disponível em: <https://bjr.sbpjor.org.br/bjr/article/view/342/315>. Acesso em: 18 jan. 2022.

CANABARRO, Diego Rafael. **Governança global da internet:** tecnologia, poder e desenvolvimento. 2014. 208 f. Tese (Doutorado em Ciência Política) – Programa de Pós-Graduação em Ciência Política, Universidade Federal do Rio Grande do Sul, Porto Alegre, 2014. v. 1.

CANALES, Katie. Facebook quietly lets 5.8 million politicians and celebrities get special enforcement of its rules, report says. **Business Insider**, 13 set. 2021. Disponível em:<https://www.businessinsider.com/facebook-content-moderation-58--million-users-xcheck-2021-9?nr_email_referer=1&utm_source=Sailthru&utm_medium=email&utm_content=10_things_tech&utm_campaign=Post%20Blast%20sai:%2010%20things%20in%20tech%20you%20need%20to%20know%20today&utm_term=10%20THINGS%20IN%20TECH%20YOU%20NEED%20TO%20KNOW%20-%20ENGAGED%2C%20ACTIVE%2C%20PASSIVE%2C%20DISENGAGED>. Acesso em: 11 jan. 2022.

CANOTILHO, José Joaquim Gomes. **Direito constitucional**. 6. Ed. Livraria Almedina Coimbra, 1993.

CARVALHO, Borges. Soberania digital: legitimidade e eficácia da aplicação da lei na internet. **Revista Brasileira de Direito,** v. 14, n. 2, p. 213-235, 2018. DOI: 10.18256/2238-0604.2018.v14i2.2183

CASTELLS, Manuel. **O poder da comunicação**. São Paulo: Paz e Terra, 2016.

CASTELLS, Manuel. **Communication power.** New York: Oxford University Press, 2009.

CASTELLS, Manuel. **A galáxia da internet**. Reflexões sobre a internet, os negócios e a sociedade. Rio de janeiro: [s. n.], 2003.

CASTELLS, Manuel. **A sociedade em Rede**. São Paulo: Paz e Terra, 1999.

CB INSIGHTS. **Timeline of tech giants' billion-dollar acquisitions**. 2019. Disponível em: <https://s3.amazonaws.com/cbi-research-portal-uploads/2019/11/01152523/famga-billion--dollar-acquisitions-11.1.2019.png>. Acesso em: 11 jan. 2022.

CHADWICK, Andrew. **The hybrid media system:** politics and power. Oxford: Oxford University Press, 2013.

CHRISTENSEN, Clayton M. **The innovator's dilemma:** when new technologies cause great firms to fail. Boston: Harvard Business School Press, 1997.

COSTA, Matheus Bento. **Poder e democracia:** limites da soberania popular. 2018. 127 p. Dissertação (Mestrado em Direito Político e Econômico) – Programa de Pós-Graduação em Direito, Universidade Presbiteriana Mackenzie, São Paulo, 2018.

COSTER, Helen. Google, Facebook pledged millions for local news. Was it enough? **Reuters**, June 10, 2021. Disponível em: <https://www.reuters.com/business/media-telecom/google-facebook-pledged-millions-local-news-was-it-enough-2021-06-10/>. Acesso em: 11 jan. 2022.

COTANDA, Fernando Coutinho *et al.* Processo de pesquisa nas ciências sociais: uma introdução. In: PINTO, Celi Regina Jardim; GUAZZELI, Cesar A. Barcellos (Orgs.). **Ciências humanas:** pesquisa e método. Porto Alegre: Editora da UFRGS, 2008.

CUSUMANO, Michael A.; GAWER, Anabelle; YOFFIE, David B. **The business of plataform:** strategy in the digital age of digital competition, innovation and power. Harper Collins, 2019.

CUSUMANO, Michael A.; YOFFIE, David B.; GAWER, Anabelle. The future of plataforms. **MIT Sloan Management Review**, Feb. 11, 2020. Disponível em: <https://sloanreview.mit.edu/article/the-future-of-platforms/?use_credit=2f5727972a4b23c58c297328310127f4>. Acesso em: 11 jan. 2022.

DAHL, Robert A. The concept of power. **Behavioral science**, v. 2, n. 3, p. 201-215, 1957. DOI: 10.1002/bs.3830020303

DALLARI, Dalmo de A. Empresas multinacionais e soberania do Estado. **Revista da Faculdade de Direito, Universidade de São Paulo**, v. 76, p. 107-121, 1981. Disponível em: <https://www.revistas.usp.br/rfdusp/article/view/66917>. Acesso em: 11 jan. 2022.

DANIEL, Celso. Poder local no Brasil urbano. **Espaço & Debates: Revista de Estudos Regionais e Urbanos**, n. 24, p. 27-39, 1988.

DA SILVA, João Márcio Palheta. Poder, Governo e território na sociedade contemporânea. **FLACSO Brasil**, jun. 2009. (Série Estudos e Ensaios).

DAVIES, Anna R. *et al.* Sharing economies: moving beyond binaries in a digital age. **Cambridge Journal of Regions, Economy & Society**, v. 10, n. 2, p. 209-230, 2017. DOI: 10.1093/cjres/rsx005

DE MAURO, Andrea; GRECO, Marco; GRIMALDI, Michele. A formal definition of big data based on its essential features. **Library Review**, v. 65, n. 3, p. 122-135, 2016. DOI: 10.1108/LR-06-2015-0061

DEL VECCHIO, Giorgio. **Lições de filosofia do direito**. 3. ed. atual. Coimbra: Arménio Amado, 1959. v. I.

DIAKOPOULOS, Nicholas. **Automating the news:** how algorithms are rewriting the media. Cambridge, Massachusets: Harvard University Press, 2019.

DURIGAN, Victor; MACHADO, Caio Vieira. **Desinformação privilegiada**. Instituto Vero, 2021. Disponível em: <https://www.vero.org.br/pesquisa/desinformacao-privilegiada>. Acesso em: 6 dez. 2021.

EDELMAN, Gilad. Story on social media american style free speech is dead. **Wired,** Apr. 27, 2021. Disponível em: <https://www.wired.com/story/on-social-media-american-style-free-speech-is-dead/>. Acesso em: 13 jan. 2022.

EFEITOS de rede: a chave para o círculo virtuoso da geração de valor nas empresas. **Rock content**, 27 dez. 2019. Disponível em: <https://rockcontent.com/br/blog/efeitos-de-rede/>. Acesso em: 12 jan. 2022.

ESTADOS UNIDOS DA AMÉRICA (EUA). **Communications Decency Act**. Sec. 509. U. S. Congress, 1996. Disponível em: <https://www.govinfo.gov/content/pkg/PLAW104publ104/pdf/PLAW-104publ104.pdf>. Acesso em: 6 dez. 2021.

EUROPEAN COMMISSION. **Antitrust:** Commission fines Google €2.42 billion for abusing dominance as search engine by giving illegal advantage to own comparison shopping service. European Commission, June 27, 2017a. Disponível em: <https://ec.europa.eu/commission/presscorner/detail/en/IP_17_1784>. Acesso em: 11 jan. 2022.

EUROPEAN COMMISSION. **Business-to-business relations in the online platform environment:** final report. Publications Office, 2017b. DOI: 10.2873/713211

EUROPEAN PARLIAMENT. Digital Markets Act: ending unfair practices of big online platforms. **[Portal of the European Parliament]**, Nov. 23, 2021. Disponível em: <https://www.europarl.europa.eu/news/en/press-room/20211118IPR17636/digital-markets-act-ending-unfair-practices-of-big-online-platforms>. Acesso em: 15 dez. 2021.

FACEBOOK reports second quarter 2021 results. **Facebook Investor Relations**, July 28, 2021a. Disponível em: <https://investor.fb.com/investor-news/press-release-details/2021/facebook-reports-second-quarter-2021-results/default.aspx>. Acesso em: 13 dez. 2021.

FACEBOOK tira do ar live de Bolsonaro com mentira sobre vacina da Covid e Aids. **G1**, 25 out. 2021b. Disponível em: <https://g1.globo.com/tecnologia/noticia/2021/10/25/live-bolsonaro.ghtml>. Acesso em: 11 jan. 2022.

FERNANDEZ, Rodrigo. How Big Tech is becoming the Government. **Somo**, Feb. 5, 2021. Disponível em: <https://www.somo.nl/how-big-tech-is-becoming-the-government/>. Acesso em: 18 jan. 2022.

FILOMENO, José Geraldo Brito. **Manual de teoria geral do estado e de ciência política**. 2. ed. Rio de Janeiro: Forense Universitária, 1997.

FORNASIER, Mateus de O.; BECK, Cesar. Cambridge Analytica: escândalo, legado e possíveis futuros para a democracia. **Revista Direito Em Debate**, v. 29, n. 53, p. 182-195, 2020. DOI: 10.21527/2176-6622.2020.53.182-195

FRAZÃO, Ana. Discriminação algorítmica: o hiato entre quem programa e quem usa. **Jota**, 7 jul. 2021. Disponível em:<https://www.jota.info/opiniao-e-analise/colunas/constituicao-empresa-e-mercado/discriminacao-algoritmica-o-hiato-entre-quem-programa-e-quem-usa-07072021>. Acesso em: 11 jan. 2022.

FRAZÃO, Ana. Plataformas digitais e os desafios para a regulação jurídica. In: PARENTONI, Leonardo (Coord.); GONTIJO, Bruno Miranda; LIMA, Henrique Cunha (Orgs). **Direito, tecnologia e inovação**. Belo Horizonte: D'placido. 2018. p. 635-699.

FRAZÃO, Ana; SANTOS, Luiza Mendonça da Silva Belo. Plataformas digitais e o negócio de dados: necessário diálogo entre o direito de concorrência e a regulação de dados. **Revista de Direito Público**, v. 17, n. 93, p. 58-51, maio/jun. 2020. Disponível em: <http://professoraanafrazao.com.br/files/publicacoes/2020-08-05-Plataformas_Digitais_e_o_Negocio_de_Dados_Necessario_Dialogo_entre_o_Direito_da_Concorrencia_e_a_Regulacao_de_Dados.pdf>. Acesso em: 18 jan. 2022.

FREEDMAN, Des. **The contradictions of media power**. London: Bloomsbury Academic, 2014.

FROSIO, Giancarlo. Regulatory shift in state intervention: from intermediary liability to responsibility. In: CELESTE, Edoardo; HELDT, Amélie; IGLESIAS-KELLER, Clara (Eds.). **Constitutionalising social media.** Hart Publishing, 2021. Disponível em: <https://papers.ssrn.com/sol3/papers.cfm?abstract_id=3850483>. Acesso em: 05 ago. 2021.

GALBRAITH, John Kenneth. **Anatomia do poder**. São Paulo: Pioneira, 1999.

GERSTEIN, Julie. Facebook has banned Myanmar's military from its platform following coup. **Business Insider**, Feb. 25, 2021. Disponível em: <https://www.businessinsider.com/facebook-bans-myanmar-military-following-coup-2021-2?nr_email_referer=1&utm_source=Sailthru&utm_medium=email&utm_content=10_things_tech&utm_campaign=Post%20Blast%20sai:%2010%20things%20in%20tech%20you%20need%20to%20know%20today&utm_term=10%20THINGS%20IN%20TECH%20YOU%20NEED%20TO%20KNOW%20-%20ENGAGED%2C%20ACTIVE%2C%20PASSIVE%2C%20DISENGAGED>. Acesso em: 10 jan. 2022.

GOLD, Ashley. The world regulates Big Tech while U.S. dithers. **Axios**, Apr. 28, 2021b. Disponível em: <https://www.axios.com/world-tech-regulation-8d96502a-1400-4439-9ca8-c73ee4594a3b.html>. Acesso em: 23 maio 2021.

GUIMARÃES, Tatiane. O estado pode controlar a internet? Um panorama do debate sobre a regulação da liberdade de expressão online. 2022. **CSOnline.** Disponível em: < https://periodicos.ufjf.br/index.php/csonline/article/view/36169>. Acesso em: 23 maio 2021.

GUTTENTAG, Daniel. Airbnb: disruptive innovation and the rise of an informal tourism accommodation sector. **Current Issues in Tourism**, v. 18, n. 12, p. 1192- 1217, 2013. DOI: 10.1080/13683500.2013.827159

HAMILTON, Isobel Hamilton. Texas Gov. Greg Abbott signed a bill stopping tech companies deplatforming people based on users' political 'viewpoint'. **Business Insider**, 10 set. 2021. Disponível em: <https://www.businessinsider.com/texas-social-media-law-blocks-bans-based-on-users-viewpoint-2021-9>. Acesso em: 7 out. 2021.

HARDT, Michael; NEGRI, Antonio. **Império**. Trad. Berilo Vargas. 7. ed. Rio de Janeiro: Record, 2005.

HAYES, Adam. Winners take all maket. **Inevestopedia**, July 18, 2021. Disponível em: <https://www.investopedia.com/terms/w/winner-takes-all-market.asp>. Acesso em: 11 jan. 2022.

HORWITZ, Jeff. Facebook says its rules apply to all. **The Wall Street Journal**, Sep. 13, 2021. Disponível em: <https://www.wsj.com/articles/facebook-files-xcheck-zuckerberg-elite-rules-11631541353>. Acesso em: 12 jan. 2022.

IDC. IoT growth demands rethink of long-term storage strategies. **IDC Corporate**, July 27, 2020. Disponível em: <https://www.idc.com/getdoc.jsp?containerId=prAP46737220>. Acesso em: 11 jan. 2022.

INTERNET SOCIETY. **Digital footprints**. 2021. Disponível em: <https://www.internetsociety.org/learning/digital-footprints/>. Acesso em: 15 dez. 2021.

ROSE, Karen; ELDRIDGE, Scott; CHAPIN, Lyman. **The internet of things:** an overview. Understanding the issues and challenges of a more connected world. Internet Society, 2015.

INTERVOZES. Padrões para uma regulação democrática das grandes plataformas que garanta a liberdade de expressão online e uma intertenet livre e aberta. 2020. Disponível em: <https://intervozes.org.br/publicacoes/padroes-para-uma-regulacao-democratica-das-grandes-plataformas-que-garanta-a-liberdade-de-expressao-online-e-uma-internet-livre-e-aberta/>. Acesso em: 18 jan. 2022.

JAMBEIRO, Othon. **Regulando a TV**. Salvador: UFBA, 2000.

JELLINEK, Georg. **Teoria general del Estado**. Trad. y prólogo Fernando de los Ríos. México: Fondo de Cultura Económica, 2004.

JIN, Dal Yong. **Digital platforms, imperialism and political culture**. Abigdon: Routledge; Taylor & Francis Group, 2015.

JOLLY, Jihii. How algorithms decide the news you see. **Columbia Journalism Review**. May 20, 2014. Disponível em: <https://archives.cjr.org/news_literacy/algorithms_filter_bubble.php>. Acesso em: 11 jan. 2022.

JOSEPH, Chanté. Instagram's murky 'shadow bans' just serve to censor marginalised communities. **The Guardian**, Nov. 8, 2019. Disponível em: <https://www.theguardian.com/commentisfree/2019/nov/08/instagram-shadow-bans-marginalised-communities-queer-plus-sized-bodies-sexually-suggestive>. Acesso em: 7 out. 2021.

JOUVENEL, Bertrand de. **O poder:** história natural de seu crescimento. Trad. Paulo Neves. São Paulo: Peixoto Neto, 2010.

KASTRENAKES, Jacob. Facebook program reportedly let celebrities avoid moderation. **The Verge**, Sep. 13, 2021. Disponível em: <https://www.theverge.com/2021/9/13/22671565/facebook-xcheck-moderation-system-high-profile-exemptions>. Acesso em: 12 jan. 2022.

KAYE, David. **Report of the special rapporteur on the promotion and protection of the right to freedom of opinion and expression**. United Nations, 2018. Disponível em: <https://digitallibrary.un.org/record/1631686/usage>. Acesso em: 18 jan. 2022.

KHAN, Lina. What make tech plataforms so powerful? **Promarket**, Apr. 5, 2018. Disponível em: <https://promarket.org/2018/04/05/makes-tech-platforms-powerful/>. Acesso em: 11 jan. 2022.

KITCHEN, Klon. The new superpowers: how and why the tech industry is shaping the international system. **National Affairs**, n. 50, 2022. Disponível em: <https://www.nationalaffairs.com/the-new-superpowers-how-and-why-the-tech-industry-is-shaping-the-international-system>. Acesso em: 18 jan. 2022.

KOSTOPOULOS, Lydia. De facto shared sovereignty and the rise of non-state statecraft: imperatives for nation-states. **Observer Research Foundation**, Apr. 22, 2021. Disponível em: <https://www.orfonline.org/expert-speak/de-facto-shared-sovereignty-and-the-rise-of-non-state-statecraft/>. Acesso em: 11 jan. 2022.

KURTZ, Lahis Pasquali; DO CARMO, Paloma Rocillo Rolim; VIEIRA, Victor Barbieri Rodrigues. **Transparência na**

moderação de conteúdo: tendências regulatórias nacionais. Belo Horizonte: Instituto de Referência em Internet e Sociedade, 2021. Disponível em: <https://bit.ly/3xjAUka>. Acesso em: 6 dez. 2021.

LA CHAPELLE, Betrand. Borderless internet vesus national frontiers. **Civil Service College Singapore**, Oct. 1, 2011. Disponível em: <https://www.csc.gov.sg/articles/opinion-frontiers-sovereignty-and-cyberspace>. Acesso em: 11 jan. 2022.

LAIDLAW, Emily. A framework for identifying internet information gatekeepers. **International Review of Law, Computers & Technology**, v. 24, n. 3, 2010, Disponível em: <https://ssrn.com/abstract=2667902>. Acesso em: 18 jan. 2022.

LANEY, Doug. **3D data management:** controlling data volume, velocity, and variety. Relatório Técnico. Grupo META, 2001. Dipsonível em: <https://www.bibsonomy.org/bibtex/742811cb00b303261f79a98e9b80bf49>. Acesso em: 16 dez. 2021.

LEBOW, Sara. The top 10 countries where people spend the most time on social media. **Emarketer**, Apr. 14, 2021. Disponível em: <https://www.emarketer.com/content/top-10-countries-where-people-spend-most-time-on-social-media>. Acesso em: 11 jan. 2022.

LEBRUN, Gérard. **O que é poder**. Trad. Renato Janine Ribeiro e Silvia Lara Ribeiro. São Paulo: Abril, 1984.

LEONARDI, Marcel. **Tutela e privacidade na internet**. São Paulo: Saraiva, 2011.

LESSIG, Lawrence. **Code:** version 2.0. Nova York: Perseus Books Group, 2006.

LESWING, Kif. Apple reports another blowout quarter with sales up 54%, authorizes $90 billion in share buybacks. **CNBC**, Apr. 28, 2021. Disponível em: <https://www.cnbc.com/2021/04/28/apple-aapl-earnings-q2-2021.html>. Acesso em: 20 maio 2021.

LÉVY, Pierre. **As tecnologias de inteligência:** o futuro do pensamento na era da informática. Trad. Carlos Irineu da Costa. São Paulo: Editora 34, 2010.

LÉVY, Pierre. **Cibercultura**. Trad. C. I. Costa. [S. l.: s. n.], 1999.

LÉVY, Pierre. **Gigantes da Web são o novo Estado.** In Valor Econômico, por Daniela Fernandes. 2020. Disponível em: < https://valor.globo.com/eu-e/noticia/2020/10/23/gigantes-da-web-sao-novo-estado-diz-pierre-levy.ghtml>

LIMA, Marcos Francisco Urupá Moraes; VALENTE, Jonas Chagas Lucio. Regulação de plataformas digitais: mapeando o debate internacional. **Liinc em Revista**, v. 16, n. 1, e5100, maio 2020. DOI: 10.18617/liinc.v16i1.5100

LUKES, Steven. **Steven Lukes explains the third dimension of power.** 2021. (31 min 24 s). Disponível em: <https://www.youtube.com/watch?v=gsYkduHaAQU>. Acesso em: 7 nov. 2021.

LUKES, Steven. **Power:** a radical view. 2nd. ed. Basingstoke: Macmillan, 2005b.

MARCIANO, Alain; NICITA, Antonio; RAMELLO, Giovanni Battista. Big data and big techs: understanding the value of information in platform capitalism. **European Journal of Law and Economics**, v. 50, n. 3, p. 345–358, 2020. DOI: 10.1007/s10657-020-09675-1

MARK ZUCKERBERG stands for voice and free expression. **Meta**, Oct. 17, 2019. Disponível em: <https://about.fb.com/news/2019/10/>. Acesso em: 11 jan. 2022.

MCAFEE, Andrew; BRYNJOLFSSON, Erik. Big data: the management revolution. **Harvard Businnes Review**, Oct. 2012. Disponível em: <https://hbr.org/2012/10/big-data-the-management--revolution>. Acesso em: 10 jan. 2022.

MEIXNER, Sophie. Facebook news ban drops reader traffic to news stories by 13 per cent within Australia, Chartbeat data shows. **ABC News**, Feb. 19, 2021. Disponível em: <**Erro! A referência de hiperlink não é válida.**https://www.abc.net.au/news/2021-02-19/facebook--referral-traffic-down-news-ban-morrison-frydenberg/13171568>. Acesso em: 9 jun. 2021.

MELAMED, Claire. **A world that counts**. 2014. Disponível em: <https://www.undatarevolution.org/draft-report/>. Acesso em: 11 jan. 2022.

MICROSOFT. Earnings release FY21 Q4. **Microsoft**, July 27, 2021. Disponível em: <https://www.microsoft.com/en-us/Investor/earnings/FY-2021-Q4/press--release-webcast>. Acesso em: 13 dez. 2021.

MIRANDA, Jorge. **Teoria do Estado e da constituição**. 4. ed. Rio de Janeiro: Forense, 2015.

MOAZED, Alex; JOHNSON, Nicholas L. **Modern monopolies**: what it takes to dominate te 21st century economy. New York: St. Martin's Press, 2016.

MONTEIRO, Gabriela Reis Paiva. **Big data e concorrência:** uma avaliação dos impactos da exploração de big data concentrações econômicas. Rio de Janeiro: Fundação Getulio Vargas, 2017.

MOORE, Martin. **Democracy hacked:** how technology is destabilising global politics: political turmoil and information warfare in the digital age. Oneworld Publication, 2018.

MOORE, Martin. **Tech giants and civic power**. Londres: Center for the Study of Media Communication & Power, 2016.

MOROZOV, Evgeny. **Big tech:** a ascensão dos dados e a morte da política. São Paulo: Ubu, 2018.

NEWTON, Casey. Mark Zuckerberg apologizes for the Cambridge Analytica scandal. **The Verge**, Mar. 21, 2018. Disponível em: <https://www.theverge.com/2018/3/21/17150158/mark-zuckerberg-cnn-interview-cambridge--analytica>. Acesso em: 12 jan. 2022.

NYE, Joseph S. The changing nature of world power. **Political Science Quarterly**, v. 105, n. 2, p. 177-192, 1990. DOI: 10.2307/2151022

OECD. **Rethinking antitrust tools for multi-sided platforms**. 2018. Disponível em: <www.oecd.org/competition/rethinking-antitrust-tools-for-multi--sided-platforms.htm>. Acesso em: 13 maio 2019.

OECD. **Data-driven innovation:** big data for growth and well-being. Paris: OECD, 2015. Disponível em: <https:// http://www.keepeek.com/Digital-Asset-Management/oecd/science-and-technology/data-driven- innovation_9789264229358--en#page1>. Acesso em: 11 jan. 2022.

PANDEMIA agravou fosso no acesso à internet, que ainda deixa 3 bilhões de fora. **ONU News**, 4 maio 2021. Disponível em: <https://news.un.org/pt/story/2021/05/1749602>. Acesso em: 12 jan. 2022.

PARKER, Geoffrey; ALSTYNEM, Marshall W. Van; CHOUDARY, Sangeet. **Platform revolution**: how networked markets are transforming the economy – and how to make them work for you. New York: W. W. Norton & Company, 2016.

PAUPÉRIO, Machado. **O conceito polêmico da soberania**. Rio de Janeio: Forense, 1958.

PEDROSO, Maria Thereza Macedo. O conceito de 'poder': comparando a proposta clássica de Steven Lukes e seu uso na ciência política com a sociologia de Pierre Bourdieu. **Colóquio: Revista do Desenvolvimento Regional**, v. 11, n. 1, jan./jun. 2014. DOI: 10.26767/coloquio.v11i1.99

Perez, Carlota. **Technological revolutions and financial capital:** the dynamics of bubbles and golden ages. Cheltenham: [s. n.], 2002.

PESQUISA sobre o uso das tecnologias de informação e comunicação nos domicílios brasileiros: TIC Domicílios 2020. São Paulo: Comitê Gestor da Internet no Brasil, 2021. Disponível em: < https://cetic.br/media/docs/publicacoes/2/20211124201505/resumo_executivo_tic_domicilios_2020.pdf>. Acesso em: 20 maio 2022.

Peters, Jay. Epic games vs Apple: the fight for the future of the App Store. **The Verge**, Apr. 29, 2021. Disponível em: <http://theverge.com/2021/4/29/22410877/epic-games-apple-app-store-antitrust-trial-lawsuit-news/>. Acesso em: 12 jan. 2022.

Phan, Trung. Big Tech is only getting bigger. **The Hustle**, May 3, 2021. Disponível em: <https://thehustle.co/05032021-big-tech-earnings/>. Acesso em: 12 jan. 2022.

Porter, Jon. Australia passes law requiring Facebook and Google to pay for news content. **The Verge**, Feb 24, 2021a. Disponível em: <https://www.theverge.com/2021/2/24/22283777/australia-new-media-bargaining-code-facebook-google-paying-news/>. Acesso em: 12 jan. 2022.

Porter, Jon. WhatsApp sues Indian government over new rules it says break encryption. **The verge**, May 26, 2021b. Disponível em: <https://www.theverge.com/2021/5/26/22454381/whatsapp-indian-government-traceability-law-suit-break-encryption-privacy>. Acesso em: 12 jan. 2022.

Presse, France. Itália multa google em 102 milhões por abuso de posição dominante. **G1**, 13 maio 2021. Disponível em: <https://g1.globo.com/economia/tecnologia/noticia/2021/05/13/italia-multa-google-em-102-milhoes-por-abuso-de-posicao-dominante.ghtml>. Acesso em: 16 jun. 2021.

Quah, Danny T. **The weightless developing economy**. 2000. Disponível em: <https://www.wider.unu.edu/publication/weightless-developing-economy>. Acesso em: 15 dez. 2021.

Rais, Diogo. **Fake news**: a conexão entre a desinformação e o direito. 2. ed. São Paulo: Thomson Reuters Brasil, 2020.

Rais, Diogo *et al.* **Direito eleitoral digital**. São Paulo: Revista dos Tribunais, 2018.

Rais, Diogo; Sabino, Marco Antonio; Battisti, Roberta. Nem por decreto?! O desafio da governança do discurso online no brasil. **Jota**, 7 jun. 2021. Disponível em: <https://www.jota.info/opiniao-e-analise/artigos/nem-por-decreto-o-desafio-da-governanca-do-discurso-online-no-brasil-07062021>. Acesso em: 12 jan. 2022.

UNITED KINGDOM. Joint Ministerial foreword. **[Portal of the United Kingdom Government]**, Dec. 15, 2020. Disponível em: <https://www.gov.uk/government/consultations/online-harms-white-paper/online-harms-white-paper>. Acesso em: 18 jan. 2022.

Ribeiro, Janine. **A democracia**. 3. ed. São Paulo: Publifolha, 2001.

Rochet, Jean-Charles; Tirole, Jean. **Two-side markets:** an onverview. 2004. Disponível em: <https://web.mit.edu/14.271/www/rochet_tirole.pdf>. Acesso em: 12 jan. 2022.

ROCHET, Jean-Charles; TIROLE, Jean. Platform competition in two-sidded markets. **Journal of the European Economic Association**, v. 1, n. 4, p. 990-1029, June 2003. Disponível em: <https://academic.oup.com/jeea/article/1/4/990/2280902>. Acesso em: 18 jan. 2022.

RODRIGUES, Gustavo; KURTZ, Lahis. **Transparência sobre moderação de conteúdo em políticas de comunidade.** Belo Horizonte: Instituto de Referência em Internet e Sociedade, 2020. Disponível em: <https://bit.ly/3nUbXYh>. Acesso em: 6 dez. 2021.

ROSEN, Christine. Slow down and break less: taking cultural impacts seriously. **National Affairs**, n. 50, 2022. Disponível em: <https://www.nationalaffairs.com/slow-down-and-break-less-taking-cultural-impacts-seriously>. Acesso em: 12 jan. 2022.

ROTH, Alvin. **Como funcionam os mercados**. São Paulo: [s. n.], 2016.

RUGGIER, John gerard. Territoriality and beyond: problematizing modernity in international relations. **International Organization**, v. 47, n. 1, p. 139-174, 1993. Disponível em: <www.jstor.org/stable/2706885>. Acesso em: 12 jan. 2022.

SACASAS, L. Michael. The tech backlash we really need. **The New Atlantis**, n. 55, p. 35-42, 2018. Disponível em: <http://www.jstor.org/stable/26487782>. Acesso em: 12 jan. 2022.

SANTANA, Wesley. Com lucro recorde em 2020, quarteto de big techs vale um terço do PIB dos EUA. **CNN Brasil**, 5 fev. 2021. Disponível em: <https://www.cnnbrasil.com.br/business/com-lucro-recorde-em-2020-quarteto-de-big-techs-vale-um-terco-do-pib-dos-eua/>. Acesso em: 20 maio 2021.

SANTINO, Renato. Facebook e instagram seguem twitter e excluem vídeo de Bolsonaro. **Olhar digital**, 30 mar. 2020. Disponível em: <https://olhardigital.com.br/2020/03/30/coronavirus/facebook-e-instagram-seguem-twitter-e-excluem-video-de-bolsonaro//>. Acesso em: 11 jan. 2022.

SANTOS, Milton. **Por uma outra globalização:** do pensamento à consciência universal. 6. ed. Rio de Janeiro: Record, 2001.

SARDINHA, Edson; COSTA, Sylvio. Direita cresce e engole o centro no Congresso mais fragmentado da história. **Congresso em Foco**, 1 fev. 2019. Disponível em: <https://congressoemfoco.uol.com.br/area/pais/direita-cresce-e-engole-o-centro-no-congresso-mais-fragmentado-da-historia/>. Acesso em: 18 jan. 2022.

SASSEN, Saskia. **Losing control:** sovereignty in na age of globalization. Columbia University Press, 1996.

SAUTU, Ruth *et al.* **Manual de metodologia**. Construcción del marco teórico, formulación de los objetivos y elección de la metodología. Buenos Aires: Clacso Livros, 2005.

SCHMIDT, Eric; COHEN, Jared. **The new digital age**. London: John Murray, 2013.

SCHUMPETER, Joseph A. **Teoria do desenvolvimento econômico:** uma investigação sobre lucros, capital, crédito e o ciclo econômico. São Paulo: Abril, 1982.

SCHWAB, Klaus. **A quarta revolução industrial**. São Paulo: [s. n.], 2016.

SINGH, Manish. Dheli police run by índias central government raids twitter offices over manipulated label. **Tech Crunch**, May 24, 2021. Disponível em: <https://techcrunch.com/2021/05/24/delhi-police-run-by-indias-central-government-raids-twitter-offices-over-

-manipulated-label/>. Acesso em: 12 jan. 2022.

SOUZA, Carlos Affonso; LEMOS, Ronaldo. **Marco Civil da Internet:** construção e aplicação. Juiz de Fora: Editar Editora Associada Ltda, 2016.

SRNICEK, Nick. **Capitalismo de plataformas.** Buenos Aires: Caja Negra, 2018.

STABROWSKI, Filip. 'People as businesses': Airbnb and Urban Micro- Entrepreneurialism in New York City. **Cambridge Journal of Regions, Economy and Society**, v. 10, n. 2, p. 327-347, 2017. DOI: 10.1093/cjres/rsx004

STERLING, Greg. almost 70% of digital ad spending going to google, facebook, amazon, says analyst firm. **Martech**, Jun. 17, 2019. Disponível em: <https://martech.org/almost-70-of-digital-ad-spending-going-to-google-facebook-amazon-says-analyst-firm/>. Acesso em: 18 jan. 2022.

STUCKE, Maurice E. Should we be concerned about data-opolies? **2 Georgetown Law Technology Review**, n. 275, 2018. DOI: 10.2139/ssrn.3144045

SUSSISKIN, James. **Future politics living togheter in a word transformed by tech.** Oxford University Press, 2020.

THURMAN, Neil; LEWIS, Seth C.; KUNERT, Jessica. Algorithms, automation, and news. **Digital Journalism**, v. 7, n. 8, p. 980-992, 2019. DOI: 10.1080/21670811.2019.1685395

TRABUCCHI, Daniel; BUGANZA; Tommaso; PELLIZZONI, Elena. Give away your digital services. **Research-Technology Management**, v. 60, n. 2, p. 43-52, 2017. DOI: 10.1080/08956308.2017.1276390

TUFEKCI, Zeynep. Capabilities of movements and affordances of digital media: paradoxes of empowerment. **Connected Learning Alliance**, Jan. 9, 2014. Disponível em: <http://dmlcentral.net/blog/zeynep-tufekci/capabilities-movements-and-affordances- digital-media-paradoxes-empowerment>. Acesso em: 12 jan. 2022.

UE VAI EXIGIR que redes sociais apaguem posts terroristas em ate uma hora. **Uol**, 29 abr. 2021. Disponível em: <https://www.uol.com.br/tilt/noticias/afp/2021/04/29/ue-vai-exigir-que-redes-sociais-apaguem-posts-terroristas-em-ate-uma-hora.htm>. Acesso em: 12 jan. 2022.

UN GLOBAL PULSE. **Annual report**. UN, 2017. Disponível em: <https://www.unglobalpulse.org/document/un-global-pulse-2017-annual-report/>. Acesso em: 18 jan. 2022.

UNITED NATIONS CONFERENCE ON TRADE AND DEVELOPMENT (UNCTAD). COVID-19 has changed online shopping forever, survey shows. **UNCTAD**, Oct. 8, 2020. Disponível em: <https://unctad.org/news/covid-19-has-changed-online-shopping-forever-survey-shows>. Acesso em: 12 jan. 2022.

UNITED NATIONS EDUCATIONAL, SCIENTIFIC AND CULTURAL ORGANIZATION (UNESCO). **Many voices one world:** towards a new more just and more efficient world information and communication order. London: Kogan Page; New York: Unipub; Paris: Unesco, 1980. Disponível em: <https://digitallibrary.un.org/record/80>. Acesso em: 12 jan. 2022.

UNITED STATES OF AMERICA (USA). House lawmakers release anti-monopoly agenda for "A Stronger Online Economy: Opportunity, Innovation, Choice". **[Portal of the Government]**, June 11, 2021. Disponível em: <https://judiciary.house.gov/news/documentsingle.aspx?DocumentID=4591>. Acesso em: 15 dez. 2021.

UNITED STATES OF AMERICA (USA). Executive Order 13925: preventing online censorship. **Federal Register**, June 2, 2020a.

URBINATI, Nadia. **Me the people:** how populism transforms democracy. Cambridge, Massachusetts: Harvard University Press, 2019.

USE OF AI in online content moderation. **EPRA**, Aug. 5, 2019. Disponível em: <https://www.epra.org/news_items/ofcom-s-report-the-use-of-ai-in-content-moderation>. Acesso em 13 maio 2021.

VALENTE, Jonas C. L. Plataformas digitais e concentração na internet. In: ENCONTRO ANUAL DA REDE DE PESQUISA EM GOVERNANÇA DA INTERNET, 3., 2019, Manaus. **Anais...** Rede de Pesquisa em Governança da Internet, 2020.

VAN DIJCK, José. **The culture of connectivity:** a critical history of social media. New York: Oxford University Press, 2013.

VAN DIJCK, José; NIEBORG, David; POELL, Thomas. Reframing platform power. **Internet Policy Review**, v. 8, n. 2, 2019. DOI: 10.14763/2019.2.1414

VAN DIJCK, José; NIEBORG, David; POELL, Thomas. **The plataform society**. Public values in a connective world. New York: Oxford Univesity Press, 2018.

VARGAS, Mateus. Bolsonaro prepara decreto, considerado ilegal, para limitar retirada de posts e perfis das redes sociais. **Folha de São Paulo**, 20 maio 2021. Disponível em: <https://www1.folha.uol.com.br/poder/2021/05/governo-prepara-decreto-para-limitar-retirada-de-posts-e-perfis-das-redes-sociais.shtml>. Acesso em: 18 jan. 2022.

VENERUCI, Priscilla Rodrigues. **Inovação, direito das patentes e desenvolvimento econômico:** perspectivas do Brasil. 2007. 106 f. Dissertação (Mestrado em Direito) – Universidade Presbiteriana Mackenzie, São Paulo, 2007.

VIEIRA, Alessandro. **Projeto de Lei nº 2.630/2020**. Institui a Lei Brasileira de Liberdade, Responsabilidade e Transparência na Internet. Brasília: Senado Federal, 3 jul. 2020.

WE ARE SOCIAL; HOOTSUITE. **Digital 2021:** Global overview report. 2021. Disponível em: <https://www.amper.ag/post/we-are-social-e-hootsuite-digital-2021-resumo-e-relat%C3%B3rio-completo>. Acesso em: 13 jan. 2022.

WLOCH, Fabricio; VIZZOTTO, Juliana Nunes. Globalização e superação da soberania moderna. **Revista da Faculdade de Direito UFRGS**, n. 34, p. 82-98, ago. 2016. DOI: 10.22456/0104-6594.62191

WU, Tim. After consumer welfare, now what? The protection of competition standard on practice. **Antitrust Chronicle**, v. 1, Apr. 2018. Disponível em: <http://.competitionpolicyinternational.com/wp-content/uploads/2018/05/AC_APRIL.pdf>. Acesso em: 13 jan. 2022.

WU, Tim. **The attention merchants:** the epic scramble to get insideour heads. Nova York: Knopf, 2016.

YIN, Robert. **Estudo de caso:** planejamento e métodos: 3. ed. Porto Alegre: 2001.

APÊNDICE A

PROJETOS DE LEIS APENSOS AO 2.630/2020

	Casa Legislativa	Numero PL	Data de proposição	Quem Propoe	Partido	Aprovado ou não aprovado pelo GT
1	Câmara	3063/2020	15/04/2021	Tabata Amaral e Felipe Rigoni	PSB/ES	Aprovado
2	Câmara	3144/2020	04/06/2020	Joice Hasselmann	PSL/SP	Aprovado/ Rejeitado
3	Câmara	3627/2020	03/07/2021	Nereu Crispim	PSL/RS	Aprovado
4	Câmara	1676/2015	26/05/2015	Veneziano Vital do Rêgo	PMDB/PB	rejeitado
5	Câmara	2712/2015	19/08/2015	Jefferson Campos	PSD/SP	Aprovado
6	Câmara	346/2019	04/02/2019	Danilo Cabral	PSB/PE	Aprovado
7	Câmara	283/2020	11/02/2020	Cássio Andrade	PSB/PA	Aprovado
8	Câmara	2854/2020	25/05/2020	Maria do Rosário	PT/RS	Aprovado
9	Câmara	3029/2020	03/12/2020	Alexandre Frota	PSDB/SP	Aprovado
10	Câmara	2883/2020	26/05/2020	Filipe Barros	PSL/PR	Aprovado/Rejeitado
11	Câmara	649/2021	02/03/2021	Pedro Lucas Fernandes	PTB/MA	Aprovado
12	Câmara	3119/2020	03/06/2020	Mário Negrmonte Jr.	PP/BA	Aprovado
13	Câmara	1589/2021	28/04/2021	Soraya Manato	PSL/ES	sem informação
14	Câmara	2393/2021	06/07/2021	Renata Abreu	PODE/SP	Aprovado
15	Câmara	3395/2020	18/06/2020	Bia Kicis	PSL/DF	Aprovado
16	Câmara	291/2021	08/02/2021	Daniel Silveira	PSL/RJ	Aprovado
17	Câmara	449/2021	12/02/2021	Igor Kannário	DEM/BA	Aprovado
18	Câmara	3573/2020	30/06/2020	Luiz Philippe de	PSL/SP	Aprovado
19	Câmara	213/2021	04/02/2021	Luiz Philippe de Orleans e Bragança,	PSL/SP	Aprovado
20	Câmara	495/2021	19/02/2021	Soraya Manato	PSL/ES	Aprovado

21	Câmara	2401/2021	01/07/2021	Reinhold Spephanes Junior	PSD/PR	Aprovado
22	Câmara	127/2021	02/02/2021	Nelson Barbudo	PSL/MT	Aprovado/ Rejeitado
23	Câmara	246/2021	05/02/2021	Caroline de Toni	PSL/SC	Aprovado
24	Câmara	1362/2021	13/04/2021	Daniel Silveira	PSL/RJ	Aprovado/Rejeitado
25	Câmara	865/2021	12/03/2021	Ronaldo Carletto	PP/BA	Aprovado/Rejeitado
26	Câmara	2390/2021	30/06/2021	Emanuel Pinheiro Neto	PTB/MT	Aprovado
27	Câmara	10860/2018	10/10/2018	Augusto Carvalho	SD/DF	Aprovado
28	Câmara	5776/2019	29/10/2019	Afonso Motta	PDT/RS	Aprovado
29	Câmara	475/2020	03/03/2020	Capitão Alberto Neto	REPUBLI-CANOS/ AM	Aprovado
30	Câmara	4418/2020	01/09/2020	David Soares	DEM/SP	Aprovado
31	Câmara	1743/2021	07/05/2019	Giovani Cherini	PL/RS	Aprovado
32	Câmara	3389/2019	06/06/2019	Fabio Faria	PSD/RN	Aprovado
33	Câmara	4925/2019	10/09/2019	Moses Rodrigues	MDB/CE	Aprovado
34	Câmara	5260/2019	26/09/2019	Nereu Crispim,	PSL/RS	Aprovado
35	Câmara	437/2020	03/03/2020	Alexandre Frota	PSDB/SP	Aprovado
36	Câmara	2284/2020	29/04/2020	Alexandre Frota	PSDB/SP	Aprovado
37	Câmara	6351/2019	10/12/2019	Luis Miranda	DEM/DF	Aprovado
38	Câmara	517/2020	04/03/2020	José Medeiros	PODE/MT	sem informação
39	Câmara	3044/2020	01/06/2020	Paulo Ramos	PDT/RJ	Aprovado
40	Câmara	1590/2021	28/04/2021	Renata Abreu	PODE/SP	Aprovado
41	Câmara	2763/2020	19/05/2020	Marx Beltrão	PSL/RS	Aprovado
42	Câmara	6812/2017	02/02/2017	Luiz Carlos Hauly	PSDB/PR	sem informação
43	Câmara	7604/2017	28/02/2018	Luiz Carlos Hauly	PSDB/PR	Aprovado
44	Câmara	9647/2018	22/08/2018	Heuler Cruvinel	PSD/GO	Aprovado
45	Câmara	2601/2019	02/05/2019	Luis Miranda	DEM/DF	Aprovado
46	Câmara	2602/2019		Luis Miranda	DEM/DF	Aprovado
47	Câmara	8592/2017	13/09/2017	Jorge Côrte Real	PTB/PE	rejeitado
48	Câmara	9554/2018	07/02/2018	Pompeo de Mattos	PDT/RS	Aprovado
49	Câmara	9533/2018	07/02/2018	Francisco Floriano	DEM/RJ	Aprovado
50	Câmara	9761/2018	13/03/2018	Celso Russomano	PRB/SP	sem informação
51	Câmara	9838/2018	21/03/2018	Arthur Oliveira Maia	PPS/BA	Aprovado
52	Câmara	9884/2018	27/03/2018	Fábio Trad	PSD/MS	Aprovado
53	Câmara	9931/2018	03/04/2018	Érica Kokay	PT/DF	rejeitado

54	Câmara	200/2019	04/02/2019	Roberto de Lucena	PODE/SP	rejeitado
55	Câmara	241/2019	04/02/2019	Júnior Ferrari	PSD/PA	rejeitado
56	Câmara	3307/2020	15/06/2020	Alexandre Frota	PSDB/SP	Aprovado
57	Câmara	693/2020	18/03/2020	Alexandre Padilha	PT/SP	Aprovado
58	Câmara	705/2020	18/03/2020	Célio Studart	PV/CE	rejeitado
59	Câmara	1394/2020	04/04/2020	Zé Vitor	PL/MG	rejeitado
60	Câmara	988/2020	25/03/2020	Alexandre Frota	PSDB/SP	rejeitado
61	Câmara	1923/2021	24/05/2020	Alexandre Frota	PSDB/SP	rejeitado
62	Câmara	1258/2020	31/03/2020	Luis Miranda	DEM/DF	rejeitado
63	Câmara	1941/2020	16/04/2020	Wilson Santiago	PTB/PB	Aprovado/ Rejeitado
64	Câmara	2389/2020	05/05/2020	Rejane Dias	PT/PI	rejeitado
65	Câmara	2790/2020	20/05/2020	José Nelto	PODE/GO	rejeitado
66	Câmara	1001/2021		Helder Salomão	PT-ES	rejeitado
67	Câmara	2196/2020	27/04/2021	Alexandre Frota	PSDB/SP	Aprovado/Rejeitado
68	Câmara	1897/2021	20/05/2021	Alexandre Frota	PSDB/SP	Aprovado
69	Câmara	3857/2019	07/07/2019	Jaqueline Cassol	PP/RO	sem informação
70	Câmara	1974/2019	04/04/2019	Reginaldo Lopes	PT/MG	rejeitado
71	Câmara	2844/2020	22/05/2020	Joseildo Ramos	PT/BA	rejeitado
72	Câmara	3222/2020	09/06/2020	Frei Anastacio Ribeiro	PT/PB	rejeitado
73	Câmara	356/2021	08/02/2021	General Girão Major Fabiana	PSL/RS	rejeitado
74	Câmara	388/2021	09/02/2021	Carlos Jordy	PSL/RJ	rejeitado
75	Câmara	5959/2019	11/11/2019	Luizão Goulart	REPU-BLIC/PR	rejeitado
76	Câmara	1772/2021	11/05/2021	Luiz Philippe de Orleans e Bragança	PSL/SP	rejeitado
77	Câmara	2060/2021	08/06/2021	Altineu Côrtes.	PL/RJ	rejeitado
78	Câmara	2989/2021	26/08/2021	Marx Beltrão	PSD/AL	sem informação
79	Câmara	3366/2021	29/09/2021	Rejane Dias	PT/PI	sem informação